把科技馆带回家

丛书主编／徐延豪　　丛书副主编／杨文志　束　为　殷　皓　苏　青

华夏之光

中国古代纺织

李广进　等　编著

科学普及出版社

·北 京·

图书在版编目（CIP）数据

中国古代纺织 / 李广进等编著. — 北京 ：科学普及
出版社，2021.4（2024.8重印）
（把科技馆带回家. 华夏之光）
ISBN 978-7-110-10157-5

Ⅰ．①中… Ⅱ．①李… Ⅲ．①纺织工业－工业史－中
国－古代－通俗读物 Ⅳ．①F426.81-49

中国版本图书馆CIP数据核字(2020)第177633号

策划编辑	郑洪炜　牛　奕	
责任编辑	郑洪炜	
封面设计	佳木水轩	
正文设计	金彩恒通	
责任校对	吕传新	
责任印制	马宇晨	

出　　版	科学普及出版社
发　　行	中国科学技术出版社有限公司
地　　址	北京市海淀区中关村南大街 16 号
邮　　编	100081
发行电话	010-62173865
传　　真	010-62173081
网　　址	http://www.cspbooks.com.cn

开　　本	787mm×1092mm　1/16
字　　数	90 千字
印　　张	7
版　　次	2021 年 4 月第 1 版
印　　次	2024 年 8 月第 2 次印刷
印　　刷	唐山富达印务有限公司
书　　号	ISBN 978-7-110-10157-5/F · 270
定　　价	58.00 元

编委会

《把科技馆带回家》丛书编委会

顾　　　问	齐　让　程东红
主　　　任	徐延豪
副 主 任	杨文志　束　为　殷　皓　苏　青

成　　　员（按姓氏笔画排序）

吕建华　苏　青　李其震　杨文志　杨虚杰　束　为

辛　兵　陈明晖　纳　翔　欧建成　郑洪炜　赵有利

徐延豪　殷　皓　黄体茂　隗京花　颜　实

丛 书 主 编	徐延豪
丛书副主编	杨文志　束　为　殷　皓　苏　青
统 筹 策 划	郑洪炜

《华夏之光》系列编委会

主　　　编	赵　洋
副 主 编	崔希栋　张　瑶

成　　　员

王　爽　张文娟　马若涵　戴天心　陈　康　常　铖

张　瑶　安　娜　赵　洋　王学志　袁　辉　李广进

张梓雍　苏文轩

《中国古代纺织》

作 者 名 单	李广进　张梓雍　张文娟　苏文轩

主编的话

　　亲爱的读者朋友，现代科技馆为您营造了体验科学、启迪创新的绝美情境，在这里，您不仅可以学习科学原理和科学结论，还可以了解科学研究的方法和科学推演的过程；您不仅可以领略科技给日常生活带来的舒适和便利，还可以展望科技对未来社会产生的影响和愿景；您不仅可以体会科学的严谨和艰辛，还可以欣赏科学的美妙和浪漫……当您参观完中国科学技术馆等科技场馆，想必依然意犹未尽，渴望把参观的内容沉淀下来，带回家好好咀嚼、反复回味。

　　《把科技馆带回家》就是为了满足您的这个愿望而专门编辑出版的一套大型科普丛书。这套丛书以中国科学技术馆等大型科技场馆中的经典展项和品牌展教活动为切入点，充分发挥科普图书载体的呈现优势，立足场馆，超越场馆，既充分展示并深度开发了科技场馆中的优质科普资源，又对科技场馆中已有科普资源予以了积极拓展和有效延伸，可谓带回家的一个书本科技馆。

　　根据《全民科学素质行动计划纲要》要求，我国城区常住人口100万以上的大城市至少应拥有1座科技类博物馆。未来，科技场馆凭借其对科普资源独特的整合、呈现优势，必将在提高全民科学素质工作中发挥更加重要的作用，《把科技馆带回家》丛书由此也将为全民科学素质提升作出更加积极的贡献。

　　亲爱的读者朋友，我们希望通过编辑出版《把科技馆带回家》丛书，把科技场馆中精彩纷呈的科普内容不断呈现给您，和您一道开启体验科学、启迪创新的探索之旅，共同分享科学与人文结合给我们心智成长带来的精神滋养。我们更希望通过这套丛书的出版，听取您对繁荣中国原创科普图书出版的更多中肯意见，共同把《把科技馆带回家》打造成为广大读者喜爱的精品科普图书。

中国科学技术协会书记处书记　徐延豪

2020年8月

目 录

风靡世界的中国织物

探本溯源
中国丝绸

李广进／文

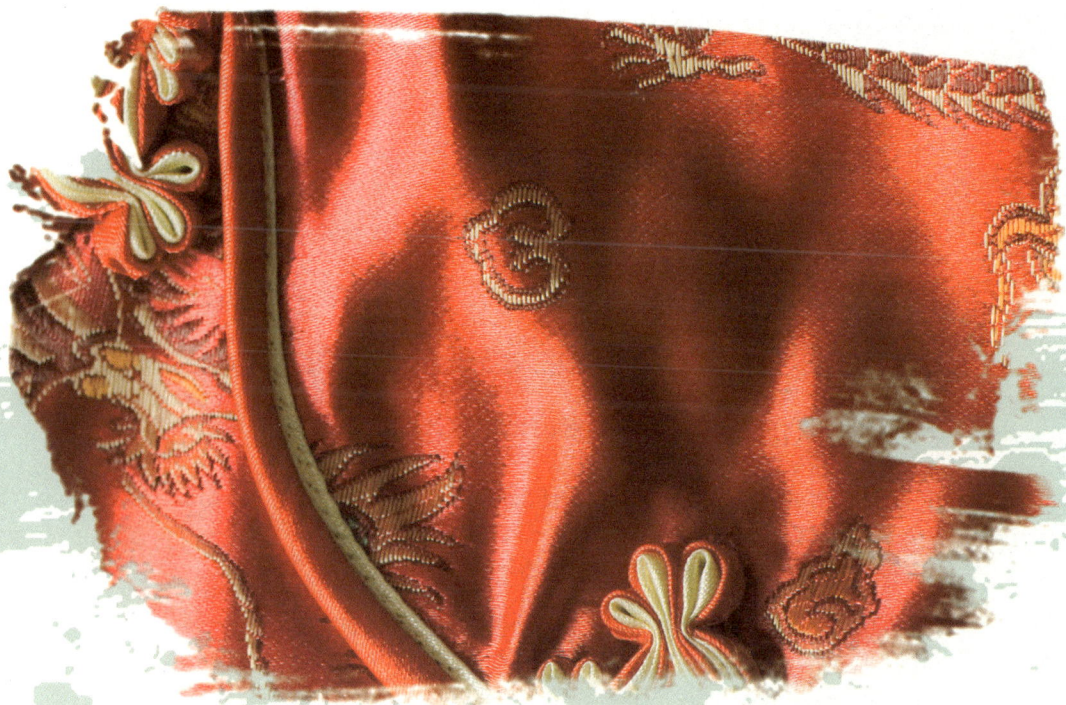

养蚕技术的广泛传播

公主和亲，蚕种西传

远在老普林尼时代，我国的丝绸就已经传到了罗马。古罗马人对中国丝绸细腻的质地及绚烂的图案称赞不已、喜爱至极，罗马妇女以能在公共场合炫耀自己的中国丝绸而感到骄傲。但当时，人们始终不明白如此精美的丝织物到底由何种材料制成，当时最普遍的看法是丝绸是由植物的叶子粘着动物的绒毛制成的。

最早向中国求教养蚕方法的国家是瞿萨旦那，地理位置大约在新疆和田（古称"于阗"）附近。这个国家在向中国求取蚕种及相关养蚕技术的时候，曾被中国断然拒绝，从此中国控制蚕种更加严格，与此同时还出台相关的律令应用于边关。对此状况，瞿萨旦那王也并没有放弃，他用"和亲"的方式来对付此种局面。于是他以卑辞厚礼向中国的公主求亲，并且获得了批准。在迎娶公主的时候，他便开始"施计"。

瞿萨旦那王问公主的专使："公主所穿衣物有何讲究？"

专使回答："公主乃陛下掌上明珠，所穿衣物都由专人专制，用丝绸织成。"

瞿萨旦那王说："公主嫁到我国怕是要受些委屈了，我们不曾掌握养蚕丝织技术，也没有丝绸织物。"

后来专使把此种情况如实地反映给公主，公主听后先是大惊失色，而后郁郁寡欢，后来专使为公主献一妙计，他对公主说："公主莫愁，我有一计可为公主解忧。"

公主喜笑颜开道："专使快讲。"

专使说："现在唯一的办法就是把蚕种带到瞿萨旦那了，虽然现在边关检查很严，但是公主可以把蚕种藏在发髻中，纵然卫兵有天大的胆子，也万不敢触碰公主发髻。"

后来公主依此方法顺利地通过了检查，蚕种也被顺利地带到了瞿萨旦那国。在公主的指导下，瞿萨旦那国开始发展养蚕丝织技术，从种桑养蚕一步一步开始，没过几年，瞿萨旦那国便桑木林立、桑蚕遍地了。

关于养蚕西传的故事在玄奘的《大唐西域记》和藏文的《于阗日记》中都有相关的记载。通过考证，迎娶中国公主的是于阗王尉迟舍那。1900年，英国著名的考古学家斯坦因发掘出一块木质画板，画面由地上盛满蚕茧的篮子、纺车、贵妇和侍女组成。上面的贵妇身着盛装，右侧的侍女手指贵妇高冕。据推测，此块木板画就是玄奘《大唐西域记》中所记载的蚕种西传故事。由于此块木板出土于新疆于阗丹丹乌里克遗址，也为故事的可信度提供了依据。

从"树叶蔽体"到"蚕丝织衣"

中国纺织技术历史悠久，是中华文明的重要组成部分。纺织技术起源于哪里？除了蚕丝，我们的祖先还使用了哪些材料制作衣物？考古发掘、

古籍资料给了我们哪些探本溯源的启示？接下来，我们将沿着历史的时间轴，揭开这些谜团。

我们的祖先最早是用兽皮、树叶等片状物缝接到一起蔽体的，在采集和狩猎过程中，逐渐学会用荆条编结篮筐，用树皮、草茎搓制绳索，制作渔网。如古书上所说："结绳以为网罟（捕鱼捕兽的网），以畋（打猎）以渔（捕鱼）。"古人逐渐认识到，野麻和葛藤韧性好，把它们编织成网，不仅可捕更多鱼，还可以将它们代替兽皮穿在身上。这就是最原始的织物，但还只是编织品。

历史从旧石器时代过渡到新石器时代，古人的编结技术不断提高，开始使用搓捻的方法，将撕细的葛或麻纤维搓成线。这样增加了纤维的长度和强度，编成的织物就是最原始的纺织品了。这种纺织技术，起源于约6000年前的新石器时代中期。据考古研究报告，在我国约30个省市较早的遗址中，几乎都有原始纺轮的发掘。随着人口的增加和原始纺织业的发展，野生麻、葛已不能满足人们的需要，我们的祖先开始进行人工栽培。商周时期，苎麻已普遍由野生利用变为人工栽培。黄河流域的人们在西周时期已广泛利用葛藤织布。

新石器时代，古人发现了另一种纺织原料——蚕丝，生活在黄河流域的仰韶文化氏族和长江流域的河姆渡文化氏族开始接触和利用蚕茧了。

中国是桑蚕业的起源地之一，

蚕茧（苏州丝绸博物馆模型）

人们最早利用的蚕为野生蚕。当野生蚕丝制品无法满足人们生产生活所需时，便开始出现野生蚕的驯化家养。早在夏代的东南地区，就已经出现了养蚕业从起源阶段向发展阶段的过渡。当时，在淮河中游一带，每年 3 月开始养蚕。奴隶主对此非常重视，养蚕开始时，奴隶主的妻妾都要亲临，参加养蚕。

商代的养蚕业更为繁荣，出现了专门养蚕的官员，被称为"女蚕"，为典蚕之官，人们对蚕事极为尊崇。秦汉以来，人们对野蚕仍继续采集利用。魏晋南北朝时，蚕的选种、制种技术有很大进步，人们开始注意到桑叶、湿度和温度等因素对蚁蚕生长的生态影响，蚕具安放时注意蚕座的疏密适当，常在室外上簇，雨天则簇于屋内。北魏贾思勰《齐民要术》卷五《种桑、柘第四十五养蚕附》中，记载了养蚕的方法，如蚕室的布置、温度的调节、如何隔湿防尘、如何促进蚕多食速长等。宋代蚕事趋于完善，生产过程进一步细化。再到元代，人们对养蚕的条件、饲叶多少、生长周期、稀疏布置、环境因素都总结得更加全面。明代，人们对蚕种选择和品种改良都很重视，最早发现了杂交蚕种的优势并加以利用，育蚕技术已有较完整的体系。

南宋以后，棉花广为种植，开始替代葛麻进入主要纺织衣料的行列，也成为蚕丝衣料的有效补充。我国华南、西南和西北新疆地区，早有棉花栽培，这些地区的棉纺织业和汉族丝、麻纺织业的历史一样悠久。这些地区的少数民族同胞为我国棉纺织业的发展作出了巨大贡献。这里必须提到的是一位松江老婆婆——黄道婆，她从黎族同胞那里学会运用制棉工具的技能，实现

蚕（苏州丝绸博物馆模型）

了我国棉花加工技术的革新，使棉花栽培技术迅速推广到全国。

　　通过大胆尝试、努力探索，我们的祖先尝试了不同的纺织材料，创造出了我国古代独有的养蚕技术；通过系统研究、不懈钻研，我国劳动人民继往开来，挥笔书写着我国养蚕丝织技术的新篇章。近百年来，我国养蚕技术得到了突飞猛进的发展。人们把传统养蚕技术与现代科学知识相结合，积极吸取国外先进科学技术，积极开展我国蚕业科研教育，不仅在养蚕技术上有了很大进步，而且在学科上也已形成了完整的体系。栽桑学研究家蚕优质饲料的生产，为家蚕养殖提供物质基础；养蚕学综合了蚕体解剖学、蚕体生理学、蚕体病理学、家蚕饲育学、野蚕学等分支学科，以科技的手段为养蚕提供支持。中国养蚕业的蓬勃发展为纺织技术的不断进步奠定了坚实的基础。

养蚕丝织流程场景
微缩模型

养蚕丝织流程场景微缩模型
（中国科学技术馆馆内展品）

独有的野蚕家养技术

自从我国先民发现了蚕丝这种优质的纺织材料之后，随着社会生产力的不断发展、人们对于纺织品需求量的增加，野生蚕丝制品已无法满足贵族的生活所需。于是，人们通过长期观察野生蚕的生活环境、生活习性、生长历程，总结了大量与蚕相关的专业知识，为野生蚕实现家养奠定了基础。据相关文献记载与出土文物相印证，早在5000年前我国就发明了蚕的家养技术。在这项技术的实现过程中，智慧的先民大胆地尝试、努力地探索，创造出了我国古代独有的养蚕技术。

蚕室

为了使蚕宝宝可以健康地成长，养蚕房间的修建是十分重要的。首先，用于养蚕的房间以坐北为最优，切忌选择东屋。其次，要保证室内通风，保持空气新鲜。最后，要保证湿度、温度稳定。

蚕室（苏州丝绸博物馆模型）

选种

选种对于养蚕而言至关重要，直接影响着蚕丝的质量。如何选取优良的蚕种呢？

据《齐民要术》记载："收取种蚕，必取其簇中者；近上则丝薄，近地则子不多也。"

蚕结茧

《农桑辑要》对此记载得相对比较详细："凡收种茧种，取簇之中，向阳明净厚实者。蛾出第一日者名苗蛾，末后出名末蛾，皆不可用；次日以后出者取之，铺连于槌箔，雌雄相配，至暮抛去雄蛾。将母蛾于连上分布，所生之子如环成堆者，皆不可用。"

《齐民要术》和《农桑辑要》这两段话主要是说在收取作种用的蚕时，一定要选择位置在蚕簇中部的。靠近上面的，将来蚕茧丝薄；靠近地面的，所产的卵不易成活。

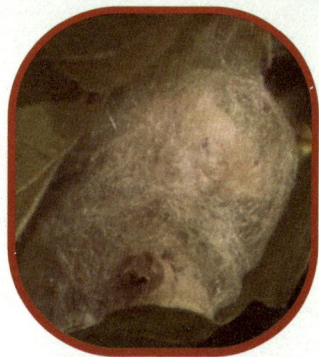

孵化

由于蚕卵在自然状态下只需要几天就可自然孵化，但蚕卵被生出来的时间有前后差异，导致孵化时间不统一，不易管理，所以古人们就想到了通过人为控制温度等条件来使蚕卵统一孵化，在前 4 天，使室内保持 22℃，第 5 天起至孵化期，保持 25℃。如果春季室内温度低，则将火炭点燃放火盆中升温及保温，火盆离蚕卵 1 米以上，以免烘死蚕卵，加火升温时还要加水保持湿度。催青至第 8 天，蚕卵的一端出现小黑点，叫"点青"。当一批蚕种内有 1/5 蚕卵点青时，用报纸将蚕卵包好，把着蚕卵的一面朝下，进行遮光，使蚕卵发育一致。这种方法叫作"低温催青法"。

饲养

桑叶是家蚕的主要食料，桑叶的品质会影响蚕的健康和蚕丝的质量。我国古人在很早以前就发明了修整桑树的技术。早在西周，就出现了低矮的桑树，也许它就是后来人们所讲的"地桑"（鲁桑）。西汉的《氾胜之书》具体讲述了这种地桑的栽培方法：第一年把桑葚和黍种合种，等桑树长到和黍一样高，与地面齐平割下桑树，第二年桑树便从根上长出新枝条。这样的桑树比较低矮，便于采摘桑叶和管理。更重要的是，这样的桑树长出的桑叶较嫩，适宜养蚕。贾思勰在《齐民要术》中引用农谚，对地桑做了积极的评价。

蚕食桑叶

饲喂蚕的桑叶要新鲜，要做到现用现摘。采来的叶子会有一些灰尘，如果洗净，一定要晾干再喂，不然小蚕或大蚕吃了会拉肚子，严重的话还会死亡。

世界接力种桑养蚕

我国作为世界上最早开始养蚕的国家，并没有将优良蚕种和先进养蚕方法据为己有。千百年来这些宝贵的资源都被直接或间接地传向世界各地。

与我国接壤的近邻——朝鲜，自古就与我国保持着密切联系，两国人民更是结下了深厚的友谊。根据古书记载，我国的蚕种和养蚕方法，远在前11世纪的商周时期就已经传到了朝鲜。日本的养蚕方法，据说是秦始皇派去东海的徐福从中国传去的，在日本民间，徐福被尊称为"蚕桑神"便是证明。后来日本又多次派人到中国和朝鲜取经，还招收中国技术人员去日本传授养蚕技术，以促进桑蚕事业发展。直到近代，日本还不断地从我国引进优良蚕种和科学的栽桑技术。

华美的丝绸是我国古代劳动人民的智慧结晶，很早就被源源不断地运往波斯、罗马等地。西汉建元三年（前138年），汉武帝刘彻派外交家张骞出使西域，从昆仑山脉的北麓及天山南麓向西穿越葱岭（今帕米

丝绸之路

尔），再经中亚细亚，最后到波斯、罗马等国。这就是闻名世界的"丝绸之路"。后来，我国的蚕种和养蚕方法由内地传到新疆，再从新疆经"丝绸之路"传到阿拉伯地区、非洲、欧洲。这条交流经济、科技和文化的神奇道路为沿途各国带来了前所未有的财富、知识和机遇。

印度是世界上唯一能同时生产桑、柞、蓖麻、姆珈蚕丝的国家。虽然在印度有许多野生桑树，但没有直接证据证明桑树及蚕丝就一定起源于印度。季羡林先生在翻阅大量中印两国的古代文献及考古发掘资料后，发现并确定了早在前4世纪，中国的丝就开始输出到印度，而近年来的数据显示，印度已成为继我国之后的第二大蚕丝生产国。印度更发明出不用水煮蚕茧就可以直接获得蚕丝的方法。可见自从中国养蚕技术传入印度后，数千载的历史已经造就了印度自有特色的生产体系。

之后，世界对养蚕技术的接力从未停下脚步：7世纪，养蚕技术传到了阿拉伯地区和埃及，10世纪再传到西班牙，11世纪又传到意大利，15世纪蚕种和桑种终于被带到法国，从此法国有了栽桑、养蚕、织丝的生产线。英国羡慕养蚕给法国带来的巨大经济效益，效仿法国，于是养蚕技术又从法国传到了英国。

在美洲，据说墨西哥早在16世纪中叶就已经开始养蚕。但是，美洲大规模发展养蚕生产是在17世纪。那时，英国殖民主义者认为作为殖民地的美洲气候适宜、土地肥沃，养蚕能获得很大的利益，于是就在美洲大规模地开展养蚕试验。从此，蚕丝翻山越岭、漂洋过海，走向了世界各地。

宝贵的缫丝工具与技术

闻缫车声感百姓疾苦

1069 年，王安石在其政治生涯中可谓春风得意，因为他得到了宋神宗的重用，开始"变法"了。但是与他同朝的苏轼却始终与他政见不合，二人矛盾逐渐加深。终于在 1071 年，也就是宋神宗熙宁四年，苏轼亲自向宋神宗提出调往外地任职的申请。于是苏轼便开始了做杭州通判的经历，三年后任密州太守，1077 年又改任徐州太守。

1078 年，徐州大旱。作为地方父母官的苏轼，对百姓饥贫交迫的现状深感同情和担忧，便作了一首著名的《浣溪沙》：

苏轼画像

簌簌衣巾落枣花，村南村北响缫车。牛衣古柳卖黄瓜。

酒困路长惟欲睡，日高人渴漫思茶。敲门试问野人家。

"枣花纷纷"的 4 月，原本是令人心情舒畅的春季。但当苏轼从南到北听到缫车声时，却怎么也高兴不起来。因为他心里清楚，百姓不辞辛苦

13

地劳动究竟是为了谁。

在历史上，北宋曾与辽订立两次合约，一次是在 1004 年，另一次是在 1044 年。在两次的合约中，北宋每年除了要向辽缴纳大量的银两，还要缴纳几十万匹绢布。织绢以资敌国不为自享，难怪苏轼听到村庄上空回荡的缫车声也只能用酒来消愁了。

通过这则故事我们可以简单了解到，在古代，绢是可以充当货币的。在著名的"丝绸之路"上，丝绸可以充当货币用来发军饷或以物易物。另外，养蚕缫丝在以农为本的古代社会，是每户农家必须掌握的技术。

缫丝工具的发展脉络

在长沙马王堆汉墓曾经出土过一件薄如蝉翼的素纱禅衣，总重量不到 50 克。这表明，在秦汉时期我国的缫纺技术已经十分发达了，而缫丝工具也沿着自己发展的脉络前进着。从最早的手持丝筐到辘轳式的缫丝轩，从络车到手摇缫丝车，从脚踏缫丝车到南北缫车，最后到北缫车与冷盆的结合，缫丝这道制丝过程中的重要工序为我国纺织业在历史的发展中长盛不衰做出了基础性的保障。

《韩诗外传》中记载："茧之性为丝，弗得女工燸以沸水，抽其统理，不成为丝。"这则记录说明，在秦汉时期的缫丝工艺中，蚕茧要经过沸水煮，找到丝头，然后再把丝顺着丝头缫引出来。此时的缫丝工具是手持的丝，随后出现丝轩，丝轩的创意灵感来源于辘轳，这也是缫丝工具向机械化发展的源头，为络车和手摇缫丝车等缫丝工具的外形打下了基础。

络车是两晋时期重要的缫丝工具，它的主要功能是将缫车上脱下的丝绞转络到丝籰上。络车又有南北之分，南络车和北络车的结构大体相同，即均有四根木棍或竹竿架在地上组成"络笃"，然后再在络笃旁八尺的高度上架一根竹竿，竹竿的下面悬挂有石块等重物，起到配重的作用。竹竿上同时挂着"月牙钩"，用来悬挂丝线。南络车与北络车的不同点主要表现在丝籰的使用上，使用北络车是用右手牵绳掉籰，而使用南络车则是用右手抛籰。

《蚕桑萃编》中的北络车

隋唐时期，手摇缫丝车出现。《蚕书》中有对手摇缫丝车的详细记载，手摇缫丝车主要由丝軠、车架、集绪器、鼓轮，以及锅和灶等构件组成。曲柄与丝軠相连，用手摇动曲柄时，带动丝軠一起转动，这样蚕丝就会通过集绪器和鼓轮合并在一起然后绕在丝軠

《农政全书》中的南络车

15

上。手摇缫丝车需要两人合作使用，一人转动曲柄使丝軖转动，另一人不断地投茧、索绪和添绪。

宋元时期，脚踏缫丝车在手摇缫丝车的基础之上被发明出来。《蚕织图》记载有对脚踏缫丝车的描述，脚踏缫丝车主要由丝軖、脚踏杆、曲柄连杆、钱眼和锁星等构件组成。《天工开物》中有对其操作方法的记载："凡茧滚沸时，以竹签拨动水面，丝绪自见。提绪入手，引入竹针眼，先绕星丁头，然后由送丝竿勾挂，以登大关车。断绝之时，寻绪丢上，不必绕接。其丝排匀不堆积者，全在送丝竿与磨木之上。"此描述为宋代脚踏缫丝车的操作方法。当脚踏动脚踏杆做上下往复运动时，曲柄连杆通过连杆带动丝軖同时做连续回转，这样整台缫丝车就运转起来了。

缫丝工具的创新性改进

乘云绣菱纹绮（文物）

依据出土的纺织史料，中国古代纺织品种类繁多，主要包括绢、纱、绮、罗、锦和绣等。其制作精美者，可以充分地体现某一历史时期纺织技艺发展水平，而作为纺织技艺重要组成部分的缫丝技术，又是不可忽视的一个环节。从历史的发展角度来看，自汉至清，虽然缫丝工具的发展十分缓慢，但在其各自的发展过程中，不乏有一些创新的改进。

朱红菱纹罗（文物）

起绒锦（文物）

鲜茧干燥处理

在古代，鲜茧的干燥处理方法主要包括三种：日晒、盐绝、蒸笼。鲜茧在缫丝之前需要进行干燥处理，干燥处理后的鲜茧一来更加易溶，二来可以保护蚕茧的解舒，便于储藏。元代所创的蒸笼法，逐渐代替日晒和盐绝，成为中国古代传统鲜茧干燥的主要方法。

煮茧用水工艺

最早的人工缫丝技术出现在原始社会时期，我国曾经出土过商代丝织物——縠。

据科学家推测，此种丝织物的索绪工序便是在温水中振动蚕茧而完成的。秦汉时期，《韩诗外传》中已经明确记载，蚕茧需要入水而待水煮沸。到唐宋时期，古人已经总结出煮蚕的最佳水温为80℃左右，也就是古人称为"汤如眼"的状态，即水加热升高至细泡微滚的状态。到明清时期，人们对于煮蚕用水的质量提出了更高的要求，煮蚕用水以水清为第一要务，在水清的同等条件下，又总结出"宁要河水不要山水，宁取流水不用止水"的用水原则。

手摇缫丝车的创新装置

手摇缫丝车大约出现于隋唐时期，它的出现进一步提高了蚕丝的质量，使其密度更加均匀，柔韧性更强。唐代时，手摇缫丝车上添加了鼓轮装置，又称"响绪"。一来可以缓和蚕丝间的摩擦，二来便于合并蚕丝绕到丝軖上。手摇缫丝车发展到南北朝时期，在设备上又添加了纺锭装置，如此可以固定卷绕，起到省时省力的效果。

北缫车与冷盆相结合

缫丝技术发展到宋元时期，依据南北的不同，发展成南缫车与北缫车，至明清时期，北缫车与冷盆技术相结合，缫出的丝线质量更高、更坚韧，并且逐渐成为缫丝技艺的主流。原有的缫丝工艺是不动在锅里煮好的蚕茧，边煮茧边缫丝。冷盆技术是将煮好的蚕茧先从锅里捞出，放入另一个温水盆里，然后再进行缫丝。这样可以有效地防止蚕茧在原锅中煮得过熟而导致纤维变软。

脚踏缫丝车的创新应用

脚踏缫丝车从宋元时期出现伊始，便迅速得到普及应用，它使人们可以腾出双手进行索绪、添绪等工作，大大提高了社会劳动生产率。同时，缫机上的一些构件也在不断地改进和完善中，其中竹针眼和坐式脚踏缫

丝车的出现最为典型。竹针眼被认为是现代导丝钩的雏形。原来的茧锅上设置有横跨的木板，木板中间插有铜线作为导丝眼，竹针眼出现以后，人们再穿丝的时候，可以由竹针眼的豁口使丝直接穿入，穿线眼便不再应用，减少了很多麻烦。依据王祯《农书》中的记载，元代脚踏缫丝车的操作方式都是背对着丝軠站着操作，不便于时刻观察缫丝的进展及发生的意外情况，古人操作时劳动强度也较大，明代发明的坐式脚踏缫丝车是人坐在缫机前方，面对着丝軠进行缫丝，这样就克服了上述的种种缺陷，提高了缫丝的效率。

脚踏缫丝车

爱国华侨开创缫丝工业化发展

在四大文明古国里，除了中国，印度也拥有着自己的丝织文化。只不过印度不是利用家养蚕，而是直接利用野生蚕，因此其所用蚕茧也与中国不尽相同，中国是把家养的没有破茧的蚕蛹用沸水煮后进行缫丝，印度则是用野生蚕破茧以后的蚕茧。所以中国的蚕丝是一整根，而印度的蚕丝是断后再接的，这样就势必影响了蚕丝的质量。大约在前4世纪，中国的养蚕缫丝技术传到印度，随后印度也采用了中国先进的缫丝工艺。

此外，中国的蚕种又通过波斯人传到了罗马。英国历史学家吉本在其所著的《罗马帝国衰亡史》中对此事曾有过描述，大约在553年，波斯人绕道高加索地区来到中国，并把中国的蚕种藏在手杖中，带到了拜占庭，为此得到了查士丁尼大帝的重赏。后来拜占庭成功地孵化出了蚕，逐渐地掌握了养蚕缫丝技术。

其实到18世纪，西方国家通过工业革命的发展，养蚕缫丝技术已经远远地超过了我国传统养蚕缫丝技术，而我国养蚕缫丝技术进入工业化发展阶段以著名的华侨商人陈启沅于1873年创办继昌缫丝厂为标志。陈启沅先生在暹罗（今泰国）谋生期间，对暹罗的蒸汽机缫丝设备进行过长期的研究，并且掌握了操作方法，后来他又看到法国先进的机械制丝工艺，便萌生了创办我国机械制丝设备的念头。

后来，陈启沅先生亲自设计机样，参考法国共捻式缫丝机，把原来中国传统的土灶炭火煮茧方式用锅炉热水蒸气方式代替，丝车采用木质框架结构，用陶质的丝釜盛放蚕茧进行蒸煮。此种方式可以更好地控制温度，使丝纤维更加均匀。陈启沅先生在晚年所著的《蚕桑谱》一书中，对原机械做了详细的介绍。

线的
制造者——纺车

李广进　张梓雍 / 文

麻与葛的纺织工具

伴随古代女性一生的纺轮

　　2002 年 12 月 10 日，湖北荆州一家报社在报纸头版头条的位置刊发了一条爆炸性的新闻。该新闻称：有一位青年学者，在楚故都纪南城遗址中发现了一枚陶质的算盘珠。当时关于算盘的起源问题备受世界瞩目，国内外的专家学者也是众说纷纭。如果此则新闻真实可靠，那么算盘的起源年代将提前 1000 多年，被李约瑟博士列为"中国第五大发明"的珠算盘将光宗耀祖，享誉海内外。

　　但是，后来经过考古专家的修订，此次出土的"算盘珠"的真实身份是古人纺线所用的纺轮。

纺轮

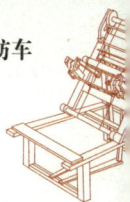

但从外形看，陶质的纺轮确实与算盘珠有相似之处。纺轮由石质或陶质的圆形的纺盘和木质的纺杆组成。纺盘中间有圆孔，用以穿插纺杆，因为年代久远，纺杆被腐蚀了，所以出土时仅存纺盘构件。

经过科学论证，纺轮作为随葬品时绝大部分出现在女性墓葬中，这是因为在"男耕而食，妇织而衣"的原始社会，纺织这项原始的手工艺是伴随女性一生的。

《诗经·小雅·斯干》记载："乃生女子，载寝之地，载衣之裼，载弄之瓦。"《诗经》中的此段记载是祝贺贵族新建房子落成的颂词，大体意思是说：这座房子盖好以后，如果新添的人口是女孩，就让她躺在地上，裹着褓裤玩纺轮。瓦在古时泛指用陶制作的器物，纺轮也被列于此。因此后世祝贺亲朋好友喜得千金时，常会以"弄瓦之喜"为贺。

因此，原始社会的女性从出生到死亡，作为传统纺织必备的工具纺轮可能要跟随她们一生。所以，古人在纺轮的制作与使用等方面要倾注更多的心血，才能满足社会日益发展的需求。

手工搓捻制线绳

1933—1934 年，考古工作者在发掘北京周口店山顶洞人遗址的过程中，曾发掘出一枚保存基本完好的骨针。骨针长 82 毫米，直径 3.1~3.3 毫米。经过科学分析，此枚骨针的针孔是用尖状器物挖制而成的，而针身的部分则是采用刮削磨制而成的。这证明了，在原始社会初期的山顶洞人在初步学会缝制技术的同时也掌握了一些简单的打磨技巧。

　　如果说原始人已经初步掌握了用骨针进行简单缝制的技术，那么因此而推理得出原始人同时也掌握了"制线"工艺则是在情理之中的。

　　骨针最早应该是应用于缝制兽皮，而缝制兽皮所需的线，则是原始人在长期的采集渔猎活动中逐渐掌握制作的。最开始的一些线绳是利用树皮、杂草等植物纤维搓制而成的。随后，渔猎活动对绳索质量要求提高，我国古籍上曾有记载："结绳而为网罟，以佃以渔。"此时结绳所用的植物纤维韧性由于麻、葛的出现而明显提高，高质量的绳索和线便应运而生。

骨针

　　原始绳索和线的制作方法就是直接用手搓制而成，手工搓制而成的线松紧度差，并且生产效率也较低。同样是在渔猎活动的启发下，纺轮诞生了。

　　在实际的渔猎活动中，为了使渔网能够迅速下沉，渔网所配置的网坠为纺轮的发明提供了经验性的启示。在一些新石器时代文化遗址中出土的网坠，其质地大多是石质或陶质的，所以在长江和黄河流域的文化遗址中出土的纺轮，多为石质和陶质纺轮，而铜质纺轮的出现则要到"青铜时代"。

　　同样作为原始纺具的还有纺专，差不多与纺轮同时出现。纺专亦作"纺砖"，只是古时没有"砖"字，故《说文解字》里面写作"专"。纺专与渔具网坠形制更加相近，以至于在早期的考古发掘中常把纺专误认为是网坠。

网坠的质量明显较纺专重一些。纺轮和纺专在功能上稍有区别，纺轮的作用是把植物纤维捻制成丝，而纺专的作用是合股加捻，把几根丝合股成一根线。

骨梭的出现要比纺轮晚一些。在龙山文化遗址中出土的骨梭证明了中国原始纺织业已经初具规模。骨梭是中国新石器时代晚期的纺织手工业革命化的标志，从此编织技术逐渐被纺织技术替代，纺织物的纹理更加紧凑。《诗经·小雅·大东》记载"杼柚其空"，

骨梭

"杼"指梭子，"柚"指持经线的轴，可见在奴隶制社会纺织的技术水平已经迈上了新台阶。

在中国一些偏远的少数民族地区，还保留着原始纺纱的技术。因此纺轮、纺专、梭子等原始纺织工具依然会被用到。进入机械时代以后，所有的机械织机梭子被自助换梭装置所代替。

"具体问题具体分析"之纺轮改进

纺轮由圆形纺盘和木质纺杆组成，纺盘中间的圆孔就为插入纺杆所用。纺轮的操作方法很简单，首先将纺杆穿于孔内，固定好，纺杆的一端设有倒钩，将要制线的纤维材料挂在倒钩上，然后拨动纺轮，纺轮旋转起来后，植物纤维等材料就会被拧成线了。

相对于用手直接将纤维搓成线绳，纺轮的发明已是很大的进步，它使线从粗糙到细致，从不规整到规整，这是与纺轮自身的创新优点和人工手法的改进分不开的。

首先，纺轮的创新优点表现在木质纺杆的科学设置上。纺杆大多为木质，在纺杆与纺盘的交汇处，纺杆上刻有木槽，用以固定纺盘。纺杆的一端设置有倒钩，用以定捻，让制好的线不致松散。

其次，相对于石质纺轮而言，利用陶土制作纺轮实属一大进步。陶土质地疏松，可塑性强，易于加工成型。陶质纺轮也具有一定的质量，旋转时产生的惯性和稳定性不比石质纺轮差，但比石质纺轮经济适用。

各类纤维的展示

最后，古人依据不同的纤维材料，选用不同材质的纺轮。以出土的纺轮来看，纺盘多为石质和陶质的。经过科学家的综合分析，石质纺盘的标准形态为：直径8~8.5厘米，厚1厘米，孔径1厘米；陶质纺盘的标准形态为：直径5.3~5.5厘米，厚1厘米，孔径0.6厘米。因此可以换算出石质、陶质纺轮的平均质量比为3:1。

通过长期的生产实践，古人已经总结出了石质纺轮的动能特性比陶质纺轮要大，因此更适合捻制粗制纤维，或捻制较粗的坯线，而加工细线则先用陶质纺轮。这说明在原始社会时期，中国古代先民已经学会具体问题具体分析。

纺轮的使用，主要是利用了重力牵引和旋转力偶加捻的原理，使纺线的速度又快又匀，纺制出的线质地较为均匀，为纺织技术的出现奠定了良好的基础，为中国纺织业的整体发展铺平了道路。

植物纤维与羊毛皆可纺

纺轮最早应用于杂草、麻和葛等植物纤维，后来也广泛应用于棉、毛纺织。尤其是在羊毛纺织中的应用最能体现其发展性。

羊毛纺纱的工艺主要应用于以畜牧业为主的少数民族地区。在对羊毛进行纺纱之前，要先对羊毛进行加工处理，用竹弓对羊毛进行反复弹拨，然后先用手把羊毛捻制成粗纱状，再用纺轮制纱。纺纱的时候，左手持纱轮，捻动纺杆呈逆时针旋转，右手持粗纱，结合左手，把粗纱捻成麻花状。将纺好的纱绕在纺杆上方，用倒钩定捻，使纺好的纱线不致松散，此道理与纺麻相同。

持续且稳定的手摇纺车

《纺车图》中的手摇纺车

众所周知，旧称为"紫禁城"的故宫位于北京中轴线的中心，它是中国明清两代的皇家宫殿。故宫博物院就坐落于此，收藏着丰富的中国古代书画，其中就有晋唐宋元的稀世孤本，清晰、巧妙地反映了中华传统文化的博大精深。其中，北宋著名画家王居正的《纺车图》篇幅虽不足一米，却笔韵雄壮、命意高古，我们更能从中瞥见当时的纺织技术与人们的生活状态。

王居正《纺车图》

整幅图主题突出、构图巧妙、刻画细腻。在乡间的户外空地上，远景中的几棵柳树舒展着枝叶，正懒洋洋地被风吹得徐徐摆动。近景所描绘的

人物似乎正在大树底下乘凉，又似乎被两根随风摆动的曲线分隔左右。线的一端的主体人物是一年轻妇女，她从容地蜷坐在一张小板凳上，身前是一架手摇纺车，她的右手熟练地摇动着纺车的手柄，左手则怀抱着婴儿为其哺乳，身后是一个小童子，正在手拿系有绳子的小木棍，而绳子上系着一只好斗的小青蛙，旁边还有一只围绕这两个人物撒欢地吠鸣奔跑的小黑犬，可能是对小青蛙感到好奇，也可能是在嫉妒小青蛙。年轻妇女面带微笑，嘴角上扬，面向手摇纺车的另一端伸出两根线。另一端则是一位老妇，她弯腰伛背，衣着随意，双腿一前一后地站立着，双手向前抬起，牵拉着线团。

此图不仅是件传世的珍贵文物，更是件难得的表现时代风俗的代表作品。图中的妇女不像仙女、仕女图中的女性形象那样，在一颦一笑间透出雍容华贵，而是当时生活中真实的农村妇女形象。少妇荆钗蓬鬓，身兼数职，贫穷的日子令其神态散发出朴实感。老妇鹑衣百结，动作迟缓，艰辛的生活令其形貌充满沧桑感。各个人物彼此聚散自然，神韵相通。衣物皱褶的线条简单利落，既体现了面料的质地，又隐约透露出穿着者的性格，反映出动作特点，塑造出妇女蕴含的外柔内刚之气。从中也表现出宋代服饰特点及纺织水平。画家以写实的艺术手法客观地表现、赞扬她们安贫乐道的生活态度，同时也抒发了对她们贫苦生活的关怀与同情。

画面构图疏中有聚、静中有动，人物、动物、植物的形神刻画精妙，体现了画家对生活的洞察力和对艺术的表现力。图中的纺车、竹筐、板凳用界画形式表现，刻画写实。尤其对核心器物——纺车的位置安排极为巧妙，几乎没有遮挡，观者可从用材、形制、造法、用法等角度对宋代手摇纺车进行研究，富有珍贵的参考价值。

随着社会经济的发展，宋代形成了一个空前的群众阶层，随之出现了反映群众生产生活、适应其审美特点的大批风俗画作，王居正的《纺车图》就是其中具有代表性的作品之一。明代画家吴宽在其上题诗并跋语："可爱河东王氏子，丹青施誉动祥符。不传罗绮游春态，只画茅檐纺车图。"

人类是何时开始纺织的

丝绸工艺中对蚕丝进行缫丝、络丝后，还需将松散的纤维拧成线条并拉细加捻成纱（纺纱），即并丝、捻丝，从而起到提高丝线的强度和耐磨度的目的，可以减少丝线的起毛或断头，还能增加织物的弹性，使织物表面具有绉效应（弹性）及抗折能力，并使织物表面光泽柔和。

原始人是何时开始纺织的？由于织物易于腐烂，我们已经无从得知，但根据一些出土的石纺轮等文物，可以推测大致的时期。人类进入渔猎社会已经学会搓捻绳子，这就是纺纱的前身。在10万多年前的山西大同许家窑遗址中，曾出土了1000多个石球，还有用来投掷这些石球的网兜。这些网兜由绳索制成，最初原料取自植物茎条，后来人们发现若用水沤并将其劈细，可得到极细的纤维，再用双手将多缕搓捻在一起，如此利用扭力及各缕间的摩擦力可以接长绳索。如若再将多股绳索搓捻起来，还能得到更强的拉力。前4900年的浙江河姆渡遗址就出土了如此加工过的直径1厘米的绳子。

聪明的人类后来发明了更多捻线的工具——纺锤，也叫"纺坠"。河北磁山遗址中出土了纺锤的重要零件——纺轮，说明早在 7000 多年前就已经有了纺锤。在其后的 2000 年间的陕西西安半坡遗址、姜寨遗址等处，都有大量的石质，甚至陶质的纺轮出土，更证明了纺锤的普遍性。

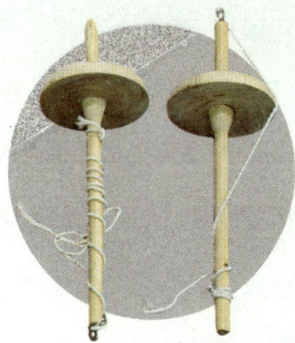

纺锤

随着纺线技术的提升，线的形态、用途也更加多样化。除了用来织网、捆物、钓鱼、套鸟，更能用于织布、缝衣等。后来人们又发现用热水浸泡可以从蚕茧中抽出蚕丝，先缫丝使其松散，再缠绕到丝筒上络丝，再将多根丝的端头上系上纺锤，由于纺锤的重量可以带动细线旋转绞合，就可以更快地捻丝成纱。这就是由原始捻线发展而来的纺纱，纺锤的出现相对于双手捻线来说是一次革命，它的高效也说明了当时人们对纱线的大量需求——织布，这直接推动了纺织乃至丝绸的发展。陕西半坡遗址出土陶器上的布纹印痕就充分证明了这一点。

在使用纺锤时，由于凭借手指捻动锤杆来提供动力，动作的间歇性会导致纺锤旋转的速度不均，从而影响纱线的粗细。随着人们对于纺线的质量和数量的要求提高，以上问题就需要更先进的装备和技术来解决。能够提供持续且稳定动力的手摇纺车应运而生，对于它何时在中国出现，至今还没有定论。它的结构主要由锭子、绳轮、手柄组成，分为两种：锭子在上、绳轮和手柄在下的立式和锭子在左、绳轮和手柄在右的卧式。立式需要两人配合操作，而卧式可由一人独立操作。仔细观察上文提到的王居正《纺车图》，我们就可以清晰地发现图中所绘即立式手摇纺车。但因卧式更适合一家一户的农村女性使用，故一直沿袭流传至今。

1972年在长沙出土的前2世纪早期马王堆汉墓中有一种乐器——汉瑟。研究发现，它的弦是用16根丝合股加捻成的。由于每根丝都纺得非常均匀，所以合股后能发出协调的音律。专家推测，具有如此技术含量的弦，在当时只有借助于手摇纺车才能做到。

纺纱效率是如何提升的

纺轮的结构设计简单，便于携带，从事纺纱线的妇女在聊天、工作间隙，甚至走路时都可以纺线。它的工作原理是凭借人一只手提纺锤，另一只手的大拇指和食指用力捻，如此纺轮会依靠自身重量而旋转，从而间歇性地做功把丝搓成纱线，系绕在纺锤的锤杆上。由于力量的不均会导致纺成的纱线粗细有差，直接影响了质量。与此同时，耗费人力的结果是生产效率较为低下。

手摇纺车在结构上相较于纺锤有了极大升级，这也直接实现了纺纱的质量与效率等方面的大大提升。它由木架、类似于纺锤的小直径锭子和立式的大直径绳轮，以及连接锭子与绳轮的传动绳组成，后期还发展出了更易操作的手摇曲柄。汉代的砖、画中的纺车，还没有手摇曲柄装置，但这也不影响纺线使用，因为只要手动拨绳轮使之转动即可。而中国古代最早记录纺车手摇曲柄的正是北宋画家王居正所画的《纺车图》：垂直于绳轮加入一根短圆木作为手柄，就形成了简单的手摇曲柄装置。元代王祯的《农

书》中也有记录，由于设计更加合理一直被沿用至今，在现在的一些农村地区，依然可以看到操作它而纺纱的妇女。

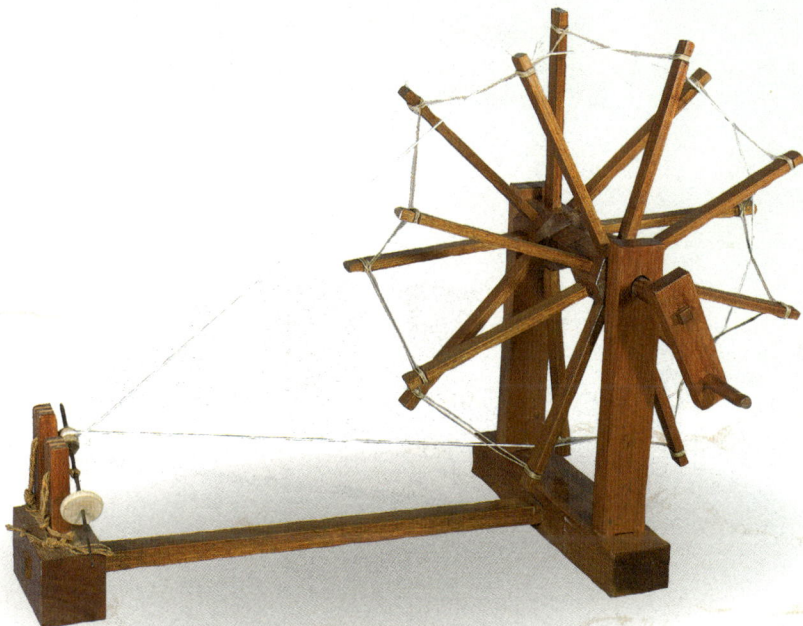

手摇纺车

由于引入了轮和轴，手摇纺车可以证明我国早在 2000 年前就在机具上使用轮轴传动技术了。轮轴，顾名思义是由轮和轴组成的系统。该系统能绕共轴线旋转，相当于以轴心为支点、以半径为杆的杠杆系统。绳轮的外框就是轮，随着人手的拨动，可以以轴心为圆心转动，再用传动绳带动锭子转动，不仅可以传递动力，还能改变转速。轻轻摇动绳轮，由于绳轮与锭子的直径相差几十倍，故低速转动绳轮可通过传动绳以几十倍的传动比带动锭子高速且匀速旋转。古代水井的起重装置——辘轳，其手柄的操作方式类似于纺车的手摇曲柄。它们的轮面都是竖直的，而曲柄则与其垂直，迄今发现的最早辘轳残件来自湖北省大冶市的铜绿山古铜矿遗址（前9—1世纪）。

辘轳模型

轮轴传动的应用在生活中非常常见，想想需要我们通过旋转、转动才能完成工作的工具：石磨、扳手、门把手、水龙头的扭柄等都属于此。汽车实现转弯需要在车轴的中间安装差速器，通过两个半轴给左右车轮传动。这样在汽车拐弯时，左右车轮行驶的速度才能有所相差从而实现转弯。

融入古今中外生活的手摇纺车

手摇纺车一直不紧不慢地吱呀吱呀转动着，如同历史的车轮从未停下自己的脚步。著名散文家吴伯箫于1962年发表了散文名作《记一辆纺

车》，抒发了自己对手摇纺车的怀念之情。现在在一些农村地区，依然可以看到妇女们坐在场院里，熟练地转动手摇纺车纺线的情景，这就是上一代人传给下一代人的宝贵遗产。

据推测，手摇纺车起源于中国的战国时期，后经"丝绸之路"传往印度、朝鲜和英国等国家，而在欧洲，已知的关于纺车最早的文字信息是在1280年左右出版的德国施佩耶尔一个行会章程中间接提到的。此时距离手摇纺车在中国发明的时间已经过去1100多年了。后来的几个世纪里，手摇纺车的普及更是使它在著名的童话故事《睡美人》中担任了重要的角色。这则童话拥有多个改编版本，其中最著名的是法国作家夏尔·佩罗于1697年出版的《鹅妈妈的故事》中收录的版本，以及19世纪发表的《格林童话》中的版本。但不论哪个版本，都是美丽善良的公主触碰了手摇纺车而一睡不起，成为了名副其实的睡美人。

18世纪中期，英国手工工场的生产技术不足以满足大量的出口订单。为了提高产量，人们想方设法改进生产技术，引发了一阵发明热潮。1764年，织布工詹姆士·哈格里夫斯发明了以其女儿名字命名的"珍妮机"，这种手摇纺纱机实现了一台机器同时纺出多根线的目标，极大地提高了生产率。发明的过程也十分有趣：一天他下班回家，不慎踢翻了他妻子正在使用的纺纱机，他发现机器倒地后原先水平放置的纱锭变成了直立的。于是第二天，他琢磨着把纱锭数量增加到8个，并且都竖直放置，只用一个纺轮带动，这使老纺纱机单一的纺线效率一下子提高了7倍，且适用于棉、毛和麻等多种纤维。实用与高效使得"珍妮机"迅速流行起来，这也鞭策着发明者对它进行不断地更新。到了1784年，"珍妮机"已增加到 80 个纱锭，效率飞升到原先的 80 倍，而 4 年后，英国全境已有超过 2 万台"珍妮机"在同时转动了。

大规模的织布厂代替了原先的手工工场，机器代替了纯粹的手工劳动。这对引发英国第一次工业革命起了重要作用，不仅是一次技术改革，更是一场深刻的社会变革。

解放双手的脚踏纺车

敢为人先、泽被故里的纺车改进者——黄道婆

元代，在松江府乌泥泾镇（今属上海），有一人称"黄道婆"的妇人。她十二三岁时就被卖给别人当佣人，白天早起下地干活，晚上还要织布到深夜，还经常受到主人的虐待。有一天实在忍受不了，她从主人家里逃了出来，登上黄浦江边的货船来到了崖州（今海南崖县）。这里的黎族同胞很同情她的遭遇，热情淳朴地把纺织技术一点点教给了她。几年后，黄道婆决定从崖州返回故乡，开始新的生活，随她归乡的还有她学到的纺织技术。

这天，黄道婆走在街上，听到一户人家中传来妇人呜呜的哭声，哭声之中还隐约伴随着棉纺车的吱吱声。黄道婆循声而问，那妇人见是黄道婆连忙起身擦干了眼泪。黄道婆忙问她发生了什么事，为何如此伤心。妇人说她叫阿花，丈夫阿狗是个木匠，两人生活不易，依靠阿花纺纱、丈夫外出做木工活儿养活一家老少。最近打家具的人少，阿狗赚不到钱，而阿花白天连着黑夜纺纱，一天却仅仅纺成棉纱四两。入不敷出的经济状况使夫妻

黄道婆雕像

俩心情复杂，今天阿狗喝酒借醉埋怨阿花为何一天就织这么少的棉纱。阿花心里委屈，反驳了他几句，阿狗就动手打人。

阿花对黄道婆说："婆婆，你一定知道不是我偷懒，实在是这活儿，我就是再急也是赶不出来啊！"阿花说着眼圈儿又红了，黄道婆安慰着阿花，又回想起自己做佣人时被人虐待的场景，很是生气。于是她找到阿狗，教训了他一顿，并嘱咐他们夫妻二人要和睦过日子。

回到家里，黄道婆对着和阿花家一样的脚踏纺车，心情久久不能平静。她明白，这场夫妻吵架看似是家庭内部矛盾，但其实更透出了棉纺技术亟须改进的现状。于是她萌生了一个想法，她要把在黎族同胞那里学来的棉纺技术在家乡进行改进，提高纺纱效率，让乡亲们纺纱快、赚钱多。

黄道婆决定先对传统的脚踏纺车进行改造。原来的纺车是靠大绳轮转动来纺棉的，可经常出现大绳轮还没有转上一圈，棉纱就断了的情况。黄道婆通过观察，发现问题出在转速上。传统脚踏纺车是用来捻麻缕的，它的绳轮的大直径与锭子的小直径相差可以达到八九十倍。这导致了绳轮转一圈，被它带动的锭子就要转八九十圈，速度过快就会容易使棉纱绷断。于是黄道婆就要改造它的结构，她来到阿花家，让木匠阿狗帮自己做木工活儿，阿狗就按照她的描述画出了图纸并动手改了起来。新纺车按照黄道婆的构思缩小了纺车绳轮的直径，大家都感到非常新奇，都来试用。可是妇女们使用后觉得，虽然做出来的纺车纺纱效果比以前好，但是使用起来还是不便。其实不是阿狗做得不好，而是纺车高度对普通女性操作的纺车来说高出许多，女性操作起来比较吃力。于是黄道婆就量身定做，降低了车架高度，妇女们再次试用后，都表示果然比以前更好用。

后来，黄道婆又使脚踏木杆的支点和绳轮的偏心距离形成特有的比例，同时改变了操作方法，终于研究出了一种拥有三枚锭子的脚踏纺车，可以同时纺出三根棉线。凭着使用方便和出产高效，黄道婆改良发明的三锭脚踏纺车就这样一传十、十传百地迅速流行了起来。此时，我国先进的棉纺工具和纺织技术，比西方整整领先了半个世纪。不畏艰辛、敢为人先的黄道婆是当之无愧的女性纺织技术专家，不仅泽被故里，更极大地推动了我国棉纺业的发展。她的名字也随着三锭脚踏纺车这一重要科技成果而载入史册。1980 年 11 月 20 日，我国发行了《中国古代科学家（第三组）》邮票四枚，第四枚正是黄道婆。

更快、更好的纺线工具

纵观历史，中国纺线技艺不断改进，从原始社会的纺锤、战国时期的手摇纺车，再发展到后来的脚踏纺车，人们一直追求更快、更好的目标。脚踏纺车的最早出现时间还有待考查，在现存有关它的古文献中，最早的资料（包括文字、图像）是 4—5 世纪的东晋著名画家顾恺之为刘向的《列女传·鲁寡陶婴》绘制的配图。虽然原图已经流失于世，但各朝各代均有《列女传》的翻刻本可查。宋代的刻本配图中，清晰地描绘了一位妇女在室内坐在板凳上，独立操作三锭脚踏纺车的生动形象。这种复锭脚踏纺车在原有单锭脚踏纺车的基础上，装备了 3 枚锭子；相较于手摇纺车，解放了原先转动绳轮的双手，改为用脚来操作转动锭子，双手则可以用来同时纺 3 根线，纺线生产率比单锭提高了 2 倍。

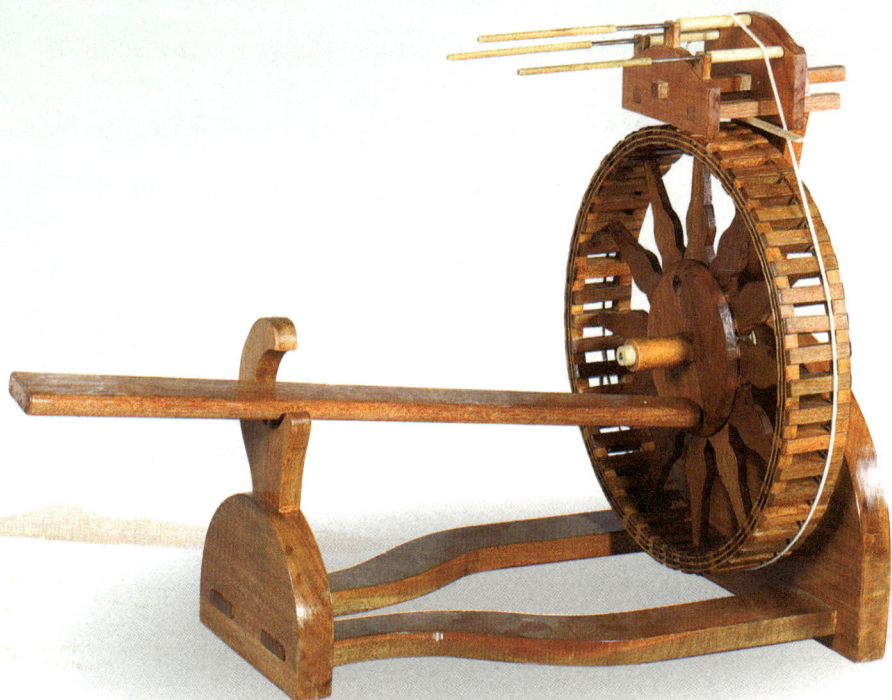

脚踏纺车

　　脚踏纺车中最常见的就是三锭式的，张春华的《沪城岁事衢歌》中对其外形与用法的介绍尤为细致："以屈木之连属者锯之，下如二股，上如柱，统计约高二尺，竖二股于横木上，木长不及二尺。木两端之向内者，又横卧二股，长有二足余，股之尽处，以木之尽而较方者合属之。其往后端空之，举所谓纺车头者横贯其内，其形如半月，内外各一，相悬寸许。各有三节，安小管于上，以所谓锭子错缀管中。柱子下二股交合处，横固木长半尺许，木上卷轮，另有一木长四尺余，锐其一端，窍轮而受之。其一端于合属卧股之处，作齿承之，以两足旋运。先于锭上绕纱数尺，粘于条子，随轮飞动，绸绎而出，名纺纱。"

　　我国古代的四大农书中有一本着重介绍当时生产工具的改革，这就是

元代王祯的《农书》。其中的"农桑通诀"部分，叙述了农事和蚕桑的起源，将当时与历史的农业、蚕业联系了起来，使它成为继往开来的纽带。其中"蚕缫篇"对脚踏纺车进行了文字阐述，并配上了详细图谱。图谱的加入，可以说是王祯在古农书中的独特创造，它约占全书篇幅的八成，插图200多幅，涉及的农具达105种，可以说是图文并茂、相得益彰，这是《农书》的一大特色。书中对脚踏纺车的记载如下：操作时，"左手握其棉筒不过二、三，绩于李继，牵引渐长。右手均捻，俱成紧缕，就绕继上"。通过描述结合配图，我们可以更直观地了解它的工作方式及特性。

明代徐光启的《农政全书》也有类似的记载。到了清代，褚华所著的关于当时上海棉纺织业及其历史的专著《木棉谱》中，也出现了三锭脚踏棉纺车和五锭脚踏麻纺车，证明脚踏纺车自东晋起就一直在被广泛使用。

宋代出现的三锭脚踏纺车，是松江人黄道婆把用于纺麻线的三锭脚踏纺车通过缩小绳轮直径的方法减小了拉伸力，改造成了可用于纺制短纤维的三锭脚踏棉纺车，并在江南地区大范围推广。

"纵横比较"之脚踏纺车的发展

我们可以简单地将脚踏纺车的改进归纳为纵比和横比两种。纵比即按照发明先后顺序对比它与手摇纺车的区别，而横比则着重于对比各种脚踏纺车间的区别。

从手摇纺车的基础上发展起来的脚踏纺车，虽在功能上与手摇纺车相同，但在结构上却有了较大改进。它在手摇纺车原有的纺纱机构上增设了脚踏机构，该机构由踏杆、凸钉和曲柄等机件组成。曲柄装在绳轮的轮轴上，由一个短连杆和下方脚踏杆的左端连接。脚踏杆的右端则和凸钉相连接。当脚踏杆被双足左右交替踏动的时候，踏杆就会作为动力臂，以凸钉支点为分界，沿相反方向做圆锥形转动，并通过曲柄带动绳轮和锭子做逆时针方向转动，完成加捻纺纱工作。这颠覆了原先全凭手摇提供动力的方式，改用之前闲置的双脚以踩踏的力量带动绳轮和锭子转动，从而使纺妇原来用于摇动纺车的一只手解脱出来，得以双手进行纺纱或合线的操作。由于手摇纺车单手纺线难以很好地控制细短纤维，因此如棉，在纺制时纤维极易扭结，造成纱线粗细不匀而断裂。脚踏纺车的出现不仅弥补了这些缺陷，还大幅度地提高了生产效率。

另外，随着纺织工业的进步，更多的纺线需求也应运而生。这就催生出了不同种类的脚踏纺车。各种纺车除绳轮直径和锭子数量稍有差别外，形状结构基本相同，都由纺纱和脚踏两部分机构组成，有锭子、绳轮和绳弦等机件，脚踏机构有曲柄、踏杆和凸钉等机件，而纺车上绳轮直径的大小、锭子数目的多少，是由所纺纤维的性质来决定的。如纤维强度大但伸长率低的麻，在并捻合线时，绳轮直径可以适当地增大，锭子数目也可加多至5枚，这就是经过黄道婆改进前，纺妇们常用的脚踏纺车的结构。而纺制纤维较短的棉纤维时，锭子的速度和数目受其限制不能过高，故绳轮直径必须较小，锭子数目也要控制在3枚以内。黄道婆从直径和锭子方面改进了纺车，使之适于纺棉，王祯所著的《农书》将纺车分为纺棉的木棉纺车和纺麻的小纺车，也是出于这些原因。

创新精神的延续

随着棉、麻和丝等织物的生产需求扩大，我国劳动人民为了提高产量和质量，一直在创造新的发明成就：从原始的纺轮到手摇纺车再到脚踏纺车，而脚踏纺车更是启发了水转大纺车的发明，使单锭变多锭。在宋元时期，水转大纺车作为中国机械制作技术成就的集大成者，在中原和四川一带已得到广泛的运用，也把我国的纺纱技术提升到了新高度。

水转大纺车摆脱了从前必须依靠人力纺纱的方式，改靠水力来纺纱，它出现于约南宋后期，盛行于元代，专供麻纱和蚕丝的长纤维加捻，是当时世界上最先进的纺纱机械。其优点不言而喻：用水力驱动，只要水流不断，可以全天保持运转，工效较高。王祯《农书》记载，每车每天可加捻麻纱100斤。水转大纺车是中国古代纺织机械方面的一个重大成就。

马克思曾总结"棉、毛、麻、丝等纺织业"，是"最早依靠水力、蒸汽和机器而发生革命的工业部门"，是"现代生产方式的最初产物"。因此，纺织机器的发明与使用，是人类历史上的伟大事件。1769年英国阿克莱特水力纺纱机的发明，通常被认为是英国工业革命开始的标志，而在此前4个世纪的元代，中国就已经有了水转大纺车，《农书》的详细图文记载证实了水转大纺车是世界上最早存在的水力纺纱机，可见启发其发明的脚踏纺车是多么重要。

脚踏纺车是利用偏心轮在纺车制造上完成的一次改革。脚踏纺车的最早发明时间还有待考查，目前出现的最早记录是4世纪东晋画家顾恺之一幅画上的脚踏三锭纺车。元代皇庆二年（1313年），我国著名的农学家王祯所著的《农书》上详细绘述了三锭脚踏棉纺车和三锭、五锭脚踏麻纺车，证明了脚踏纺车从东晋以后一直都被使用。

脚踏纺车中的核心技术是偏心轮，顾名思义，就是指轮的中心不在旋转点上，一般指圆形轮，当圆形轮没有围绕自己的中心旋转时，就形成了偏心轮。偏心轮转动的主要目的是产生振动，比如电动筛子，手机里面的振动器都使用了偏心轮。由于圆形轮制造方便，工艺简单，所以大部分偏心轮都是圆形轮。

木綿紡車其制比麻苧紡車頗小夫輪動弦轉莩維隨

木綿紡車

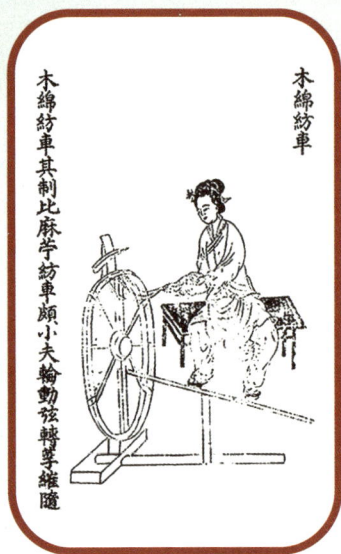

《农书》中的木棉纺车

偏心轮在生活中的应用非常广泛，家具行业中的偏心轮是板式家具生产中最常用的一种连接件配件，它和连接杆、预埋件组合成为三合一连接件，又被称为"拆装连接件"。由于可以实现随时随地对家具进行拆装，这种连接件极大地方便了家具运输、上门安装等环节，直接推进了家具的工业化生产。

捍、弹、纺、织，这些纺织的古老技艺，在黄道婆的故乡（今上海市徐汇华泾地区），正被当地人一点点拣拾起来。2017年，华泾镇社区学校第二期"黄道婆棉纺织技艺传承班"开班，地址就在黄道婆纪念馆。这里不仅是传承国家级非物质文化遗产"乌泥泾手工棉纺织技艺"的课堂，还是还原了捍、纺、织、染等各个体验项目的场所。

在科技飞速发展、手工远远赶不上机器运转的今天，这一国家级非物质文化遗产项目有什么意义？黄道婆将一锭纺车改良成三锭，将效率提

升了 2 倍，这种勇于创新的精神是中国传统文化的精髓。后人应把这门有 700 多年历史的技艺绵延相传，也把邻里互助、和谐相处的乡风习俗传承下去。

机械制造
集大成者——水转大纺车

复原江陵丝纺车的意义何在

我国唐代著名大诗人李白在《荆州歌》中曾有"荆州麦熟茧成蛾，缫丝忆君头绪多"的诗句，足见唐代荆州丝织业的发达。荆州又称"江陵"，位于我国湖北省中南部，在唐宋时期其丝织业曾创造过辉煌的历史，以方纹绫、赀布为代表。

江陵丝绸厂的老厂长杨道清曾召集原丝绸厂的一些老织工召开座谈会，而会议的内容不是商讨改进丝织的工艺技术，而是要复原厂里原来使用过的一架手摇纺车。那么这架纺车究竟魅力何在呢？原来据科技史家推测，这架纺车与水转大纺车有着较深的历史渊源。

以王振铎先生为首的专家组，早在1959年就对水转大纺车进行过复原。水转大纺车早期复原主要是依据王祯的《农书》进行的，由于一直没有发现实物，因此复原的模型始终不甚完美。后来到了20世纪80年代，王振铎先生再次倡议对水转大纺车进行完善和修改。在此次的社会调查中，虽然依然没有实物的发现，但是江陵丝纺车的出现为水转大纺车的完善复原带来了一丝灵感。

水转大纺车

　　江陵丝纺车主要包括两部分，第一部分是动力装置——大车，另一部分是主体车架。大车呈直径为 2 米的车轮状，靠人力转动大车带动纱锭转动来完成丝线的合股加捻过程；呈堤形的车架上装有 56 根纱锭轴，锭轴上插有丝钉，配合大车完成加捻过程。

　　与王祯《农书》关于水转大纺车的记载进行比较，江陵丝纺车与之有很多相似之处。首先，它们的构架均为木质；其次，动力装置都靠动力轮；再次，车架上都装有幪或者架；最后，它们都要完成合股加捻的工作。

　　此方案只是水转大纺车复原过程中的一例，甚至有科技史专家也提出过异议，但是江陵丝纺车为水转大纺车所提供的重要线索和依据同样不容忽视。

集合纺车优点，积累机械常识

我国最早的纺车形制为手摇纺车，但是手摇纺车究竟何时被发明，学界尚无定论。王若愚先生依据河北出土的商代"工"形锭轮线轴推测，早在商代中期便出现了手摇纺车，而刘仙洲先生依据自己收藏的一块汉画像石，推定手摇纺车出现于汉代。此块汉画像石的图案为汉代妇女纺线的场景。图中所展现的纺车就是一架手摇单锭纺车，妇女左手牵线，右手摇柄。

但上述两种说法都被学者提出了质疑。其中一种说法认为，河北出土的文物为纺专中的纺轮，而刘仙洲先生所藏的汉画像石的真伪尚待推敲。但在金雀山九号汉墓出土的帛画中有一幅《纺绩图》，图中所展现的纺车并没有手摇曲柄装置。最早出现带有手摇曲柄装置的纺车出现在宋代，有绳轮传动装置的手摇纺车最早的详细记载是在元代王祯所著的《农书》中，可见手摇纺车的传动装置也是随着历史的发展而发展的。

在各式手摇纺车的基础之上，古人利用高超的创造才能又研制出了脚踏纺车。相对于手摇纺车而言，脚踏纺车的进一步改进则主要体现在脚踏装置上，用脚踏带动绳轮，可以解放右手，使之与左手一起进行纺麻、纺棉和纺纱等活动，提高了劳动生产率。《列女传》中有一幅插图《鲁寡陶婴》，可以看作最早的关于脚踏纺车的记载。因此有关学者推定，脚踏纺车的出现不会晚于南宋。作为脚踏纺车核心装置的脚踏装置，主要由踏杆、曲柄和转轴组成，省力的效果则是充分地利用了杠杆原理。除此之外，王祯的《农书》和徐光启的《农政全书》都有关于脚踏纺车的描述，可见作为古代优秀机械之一的脚踏纺车，已被当时的古人所重视。

最早记载水转大纺车的著作是王祯的《农书》，此书成书于元代初年，因此可以推测，水转大纺车的发明应该在宋代。水转大纺车的主要功能是纺绩，长约二丈，宽、高约五尺，呈长方体结构。水转大纺车以水的动力势能作为动力来源，把人从劳动中解放出来。它是在手摇纺车、脚踏纺车、大纺车的科技基础之上进行再创造的，充分利用各式纺车的优良特点再结合生活中不断积累的机械常识所创造出的新的科技成果。

水转大纺车的三大创新

作为中国宋元时期机械制造集大成者的水转大纺车，其高超的机械制造水平充分地体现着中国劳动人民的创新能力。这些创新主要表现在以下几个方面。

动力来源

传统纺车主要依靠人力或畜力来作为动力来源，从手摇纺车到脚踏纺车都是以人力来作为主要动力的，大纺车有用畜力作为动力来源的依据。水转大纺车则更近一步，它利用水流动的势能作为动力来源，成功地把人力和畜力从劳动中解放出来，大大提高了劳动生产率。

传动装置

传动装置的主要作用是将动力从一个轮子传递给另一个轮子，水转大纺车的传动装置创新主要体现在两个方面：一是传动带的应用，也就是皮弦；二是传动机构，主要包括传动锭子和传动纱框。

其实中国应用传动带的历史很早，早在前 1 世纪便开始了。到宋元时期，传动带在水转大纺车上的应用，可以说是传动带发展史上应用的巅峰。传统带材质的变化也是随历史发展而发展的，原始的传送带利用韧性较好的较长植物纤维制成，以麻类纤维材料最为著名；水转大纺车所用的传送带有用皮料制成的，学名叫作"皮弦"，韧性比麻类等植物纤维大。水转大纺车以水的动力势能作为动力来源带动水轮转动，再通过轴承带动导轮转动，两个导轮之间用皮弦连接做圆周运动，皮弦通过下方的锭杆和上方的弦鼓利用摩擦力带动锭子和纱框转动，从而方可完成加捻和纱条的卷绕工作。

整体设计

水转大纺车以水的动力势能作为动力源泉，控制好转轮的速度使之缓急相宜，加捻后的纱线粗细均匀，纱条的卷绕松紧一致，这是水转大纺车技术创新的关键所在。水转大纺车整体结构中的工具机部分主要由车架、纱框、锭子和导纱棒等组成，尤其是以轮子和导轮为代表的部件，其直径都是按照一定的比例进行设计制作的，轮子带动导轮，导轮带动纱框，这样当众机皆动时就能够达到缓急相宜的状态。用水转大纺车可以直接进行纺麻，稍微调整尺寸便可以进行捻丝。

水转大纺车最多可拥有 32 锭，如果 32 锭同时工作，很容易出现纱条相互缠绕的情况。智慧的古人巧妙地设置了 32 枚小铁叉，用以"分勒纱条"，这样避免了相互缠绕的同时，也保证了纱条完美成型。

纺织机械远传西方，促进欧洲工业革命

用机械代替人工生产，是人类进行生产方式变革的显著特征，这在纺织领域表现得尤为突出。英国著名的"工业革命"，就是以水力纺织机械的应用为开端的。出现在宋元时期的水转大纺车比英国工业革命时期所应用的阿克莱特水力纺纱机早了4个世纪，并且二者在结构上有惊人的相似之处，因此有学者认为二者之间存在着某种联系。

伊懋可认为，英国工业革命时期所用的亚麻纺纱机就是受到水转大纺车的启发并加以改良的产物，并且大胆地推测，中国的水转大纺车是经印度传到欧洲的。

英国阿克莱特水力纺纱机的发明者是理查德·阿克莱特，他对英国当时所用的水力捻丝机进行改良创新而发明了阿克莱特水力纺纱机，而英国水力捻丝机是仿制的意大利水力捻丝机，意大利的水力捻丝机则是宋元时期从中国传入的。李约瑟甚至认为欧洲和纺织有关的机械都是意大利人从元朝取经后传入的。

另外，在此时期，欧洲有通过传教士介绍中国工艺技术知识的浪潮。这些传教士对中国进行过广泛的考察，他们翻译著作、绘制地图或制作考察报告，陆续将中国文化介绍到本国，促进了中西文化的交流。

虽然到目前为止还没有直接的证据能够证明英国的阿克莱特水力纺纱机与中国的水转大纺车存在直接的渊源关系，但是从伊懋可和李约瑟等著名学者的推断可以看出，中国宋元时期的先进机械知识确实对早期欧洲机械改进起到过重要的作用。

布的

制造者——织机

苏文轩　张梓雍 / 文

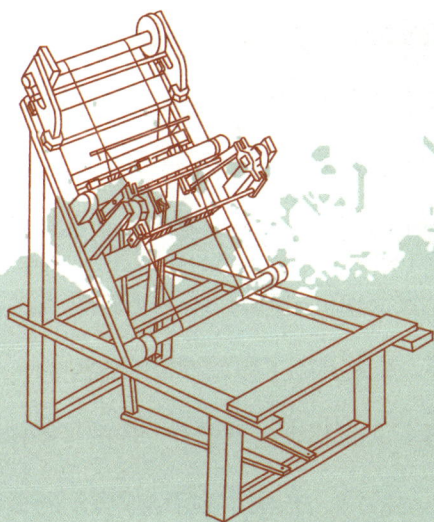

最古老的织机——腰机

古人如何遮体御寒

很久以前，人们为了抵御寒冷，便会使用植物的茎叶和动物的毛皮来遮体。随着时间的推移，人类通过观察蜘蛛结网、桑蚕吐丝结茧，以及切叶蚁筑巢等现象，结合身边的各种材料，将一片片的茎叶巧妙地串起来形成了草裙，而毛皮则形成了兽皮衣，就此出现了最早的缝合、剪裁技术。

在使用兽皮制作衣物时需要打孔缝合，这就需要用到针线缝合的技术。早在 1.6 万年以前就出现了由山顶洞人制作的原始纺织工具——骨针。通过不断尝试，古人开始制作与骨针配合使用的线。通过将线穿入骨针的针孔中进行缝制，便实现了引线的方法，使纺织业实现了质的飞跃，有效地提高了工作效率，由此开创了原始腰机的先河。

西汉《淮南子·氾论训》中曾有一段关于制作衣物的描述，主要讲的是伯余搓麻绳、捻麻线，手缠指绕编结成像罗网那样粗糙的衣服。后来又发明了织布机，这样就方便人们纺织布帛、遮体御寒了。书中明确地指出了当时已经出现用植物麻所做的衣服。虽然这种衣服毫无美观可言，但其工艺的出现，为纺织技术创造了先决条件。

最古老的织机叫"踞织机"，又名"腰机"。腰机

原始腰机

设有装置框架，使用时一端拴在腰上，另外一端通过双脚蹬住，使经面的线绷紧，使用分经棍将经面分为单数和双数两层，再用提综装置使经面形成三角形的口子，以便使用上文提到的骨针进行穿引纬线，最后用打纬刀将线压实。在云南晋宁石寨山遗址出土的文物中就出现了妇女席地而织的景象。

石寨山纺织贮贝器盖

原始腰机的诞生

随着人们对于美的追求不断提升，简单素雅的衣物已经不能满足人们的需求，这就需要更为复杂的织布机来进行织造。在古代，世界上各国都有织布机，但只有中国的织布机种类繁多也最为先进，这也是中国至今为止始终保持着丝绸大国地位的重要原因之一。总的来说，布匹须通过开口、引纬、打纬、卷取、送经这五个步骤来进行织造。

手工编织是织造技术的开端，在织布时人们必须把相对柔软的线变硬，也就是将经线拉直然后通过骨针引纬，这个过程简单来看就是编织的过程。古代的编织技术大致分为两种：一种是"吊挂式编织"，首先将丝线垂挂在可以旋转的木棒上，随后在丝线底端全部系上充当重物的石质铅锤，这样就可使丝线绷紧。在进行织造时，拨动丝线下面的铅锤，使丝线相互缠绕就可以编织出花纹不一的长条状织物。另一种则是"平铺式编织"，即先把线绳水平铺开，一端固定，使用骨针，在经线中一根根地穿织。

"平铺式编织"顾名思义需要在一个固定的水平面上进行编织，需要一定的外力使经面绷紧，如此一来平铺式编织方式只能在原始腰机或水平机架上得以实现。原始腰机和具有水平机架的织机可以使经轴和织轴中间形成相对固定的距离，就可以使经面形成较强的张力从而获得硬化效果。

通过对比以上两种方式可以发现，吊挂式编织使用重力来达到经面绷紧，而平铺式编织则使用人力，这说明吊挂式早于平铺式。但是吊挂式编织速度慢，密度不均匀，且花纹无法控制，经过不断实践，原始腰机便诞生了。

原始腰机的五个织造步骤

原始腰机的使用使人们实现了织物的小规模量产化，但大部分的织物产品都提供给达官贵族使用，因此也使织物成为了当时的奢侈品。其中的原因便是能掌握腰机织造技术的人极少，导致织物产量极低。这项技术便是经线、纬线的纵横交织。

原始腰机在织造时需要经过五个步骤：①整经。将每一根经线整齐有序地依次排列。②穿经。将经线进一步排列，使其宽度、密度、顺序都暂时性地固定下来，使每一根经线只能上下活动，不能左右平移。③开口。把经线分成上、下两组，使带有纬线的梭子可以从中顺畅地穿过。④投纬。在上、下两组经线形成的织口中穿入纬线。⑤打纬。把丝线打入到上、下两组经线交会的地方，形成经纬交错。开口、投纬和打纬互相配合，周而复始、相辅相成。

后世华丽纺织产物的基础

　　1900 年 12 月 9 日，一位英国人来到了这个世界上，经过几十年的不断学习与钻研，在 1954 年他出版了一部对现代中西文化交流影响深远的著作《中国科学技术史》，他就是英国近代生物化学家、科学技术史专家——李约瑟。他在书中写道："中国人给各种织造工具起了一个美妙的名称：机。"于是"机"就被赋予各种美好的寓意，是"机灵、机敏"的"代言人"，而织机更是美好的化身，它为后世华丽的纺织产物提供了必要的基础。

　　原始织造工艺在无比漫长的岁月中不断演变，各国都出现了形状不同、大小不一的手工纺织机器，如采用不同驱动力的纺车、脚踏织机和提花机等。虽然在一些文化和经济落后的地区仍在使用纺轮和腰机等原始工具，但随着科技的不断发展、蒸汽时代的来临，各地纷纷进入了机器化生产的时代。手工纺织在逐步向机器纺织转变，更多的配套设备也随之出现。

　　织造机械在各国都曾被制造，在日本、韩国和伊朗等地发展较慢。秘鲁出土过前 200 年的有原始腰机图案的陶碗，挪威出土过 9 世纪配有 52 片综板的织机。到了 16 世纪，科学开始萌芽，欧洲的纺织机器发生了巨大的进步。

日本织造机械

表1 各时期各国发明的织造机器

年代	国家	织造机器	优点
1533 年	德国	装有翼锭和筒管的手工纺车	加捻和卷绕同时进行，生产效率大大提高
1589 年	英国	手工针织纬编机	提高生产效率
17 世纪	法国	戈布兰织机	使用综杆和分经棍
1733 年	英国	飞梭	一人可完成织布工作
1764 年	英国	珍妮纺车	一次可纺多根线
18 世纪末	法国	纹板提花机	改进大花楼提花机

原始腰机的进步——汉代斜织机

"曾母投杼"中的斜织机掠影

大家知道"曾母投杼"这个成语是什么意思吗，又和要介绍的斜织机有什么关系呢？下面我们就来回顾历史，一探究竟。

"曾母投杼"出自《战国策·秦策二》中的一段记载：

昔者，曾子处费，费人有与曾子同名族者而杀人。人告曾子母曰："曾参杀人。"曾子之母曰："吾子不杀人。"织自若。有顷焉，人又曰："曾参杀人。"其母尚织自若也。顷之，一人又告之："曾参杀人。"其母惧，投杼逾墙而走。夫以曾参之贤与母之信也，而三人疑之，则慈母不能信也。

这段文字讲的是，从前曾子住在费邑，费邑有个和曾子同名同姓的人杀了人。有人告诉曾子的母亲说："曾子杀了人。"曾子的母亲说："我儿子不会杀人的。"照常织布。过了不久，又有人说："曾子杀了人。"曾子的母亲还是能平静地织布。不久，一个人又告诉她说："曾子杀了人。"曾子的母亲害怕了，便丢下梭子翻墙跑了。凭着曾子的贤德和他母亲对他的信任，只有三个人怀疑他，就连慈爱的母亲都不相信他了。

这则成语故事告诉了大家：谎话多说几遍，也能使人相信，谣言传播开来，便会迷惑人心、令人怀疑。所以在遇到不确定的事情时，我们需要亲自寻找答案，不能人云亦云。

故事最后，曾子的母亲翻墙逃跑丢下的梭子便和我们要介绍的斜织机有莫大的联系。

斜织机的改进之路

脚踏斜织机的发明时期大致可以推算到战国时期。在《列子·汤问篇》中有一句话"纪昌归，偃卧其妻之机下，以目承牵挺"，提到了纪昌学习射箭的故事：纪昌回到家，仰卧在妻子的织布机下，眼睛注视着梭子，通过这种办法来练习眼力。"牵挺"就是"织机踏板"的意思。在一些出土的汉代画像石中可以清楚地看见拥有踏板的木质织机，能通过脚部踩动踏杆来控制织机的运作。

为了能够更为直观地了解中国古代纺织的历史，中国纺织专家根据出土的画像石复原了一台斜织机。织机结构采用框架和底座两部分组成，并在最底端装有两块踏板。赵丰先生则以法国里布夫人收藏的汉代织机模型和《梓人遗制》中的立机子为参考，重现了汉代中轴式踏板斜织机。

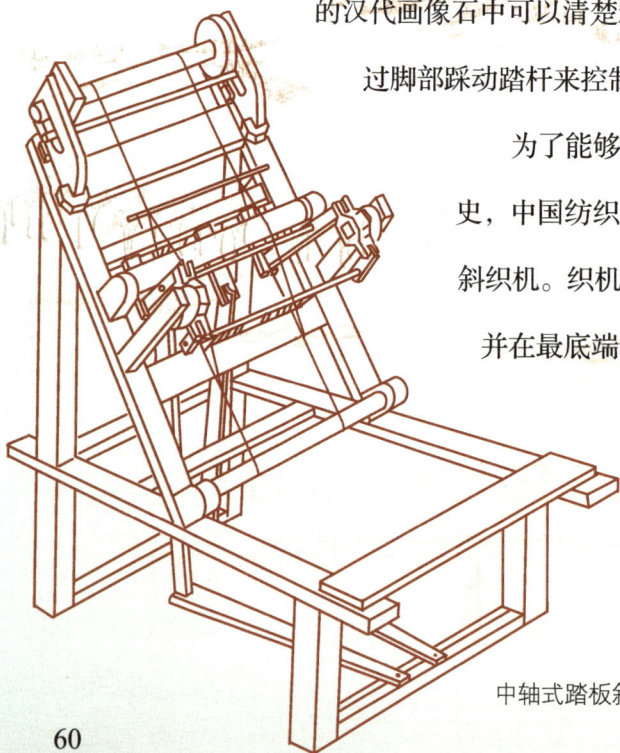

中轴式踏板斜织机复原模型示意图

通过复原模型，我们可以清楚地了解斜织机的构造，机身分为机座和机架两部分。机座前端设有坐板，后端斜接着长方形机架。机架后端安置的两根撑柱，使机架和水平机座形成50~60度角。机架是一个长方形木框，上端设有一根经轴，下端设有一根卷布轴。经轴和卷布轴上还各设有用以控制送经量和卷布量的轴牙。机架中间两侧各装一根"立叉子"，其末端装有形似马头状的提综杆，活套于一根中轴上。"马头"前端系着综框，后端装有一根用于将经线分为上、下两层的分经木。机座下有两根长短不一的脚踏杆，长者连接一根提综杠杆，通过"马头"控制综片的提升，短的一根与综片下端相连接。

汉代以后，经过不断改进和提高，斜织机得到了进一步完善。与原始腰机相比，汉代斜织机配备了机架，经面和水平机座形成50~60度的倾角，织工可清楚地看到开口后经面是否平整、经线有无断头；织工采用坐式操作，在一定程度上减轻了织工的劳动量；用梭子和竹筘送纬打纬，既提高了织造速度，又较好地控制了布幅宽度；用脚踏提综的开口装置，使双手得到解放。斜织机上的脚踏提综装置是织机发展史上一项较为重要的发明，它使织造效率和质量有了大幅度的提高，也促进了纺纱技术的进步，如脚踏纺车就是受其启发而被创造出来的。

随着时间的推移，工业化的到来使各种机械化的织布机孕育而生，但是作为织布机原型的斜织机仍然能够出现在我们的眼前，并且仍被人们使用，我国少数民族侗族还在使用老式斜织机。侗族斜织机被称为"耸求"，不仅可以织造单一颜色的织物，也可织造色彩不一的织物。

斜织机的技术创新

斜织机

经过上面的文字介绍，相信大家对于斜织机已经有了初步的认识，那么斜织机相对于腰机来说，又有哪些技术上的创新呢？

第一点是斜织机有一个供给织工工作的横梁，这样斜织机就实现了机架坐式操作。

第二点是梭子和竹筘打纬。织机上竹筘的作用就是在原始织机上用打纬刀把纬纱推向织口，除起打纬作用外，它

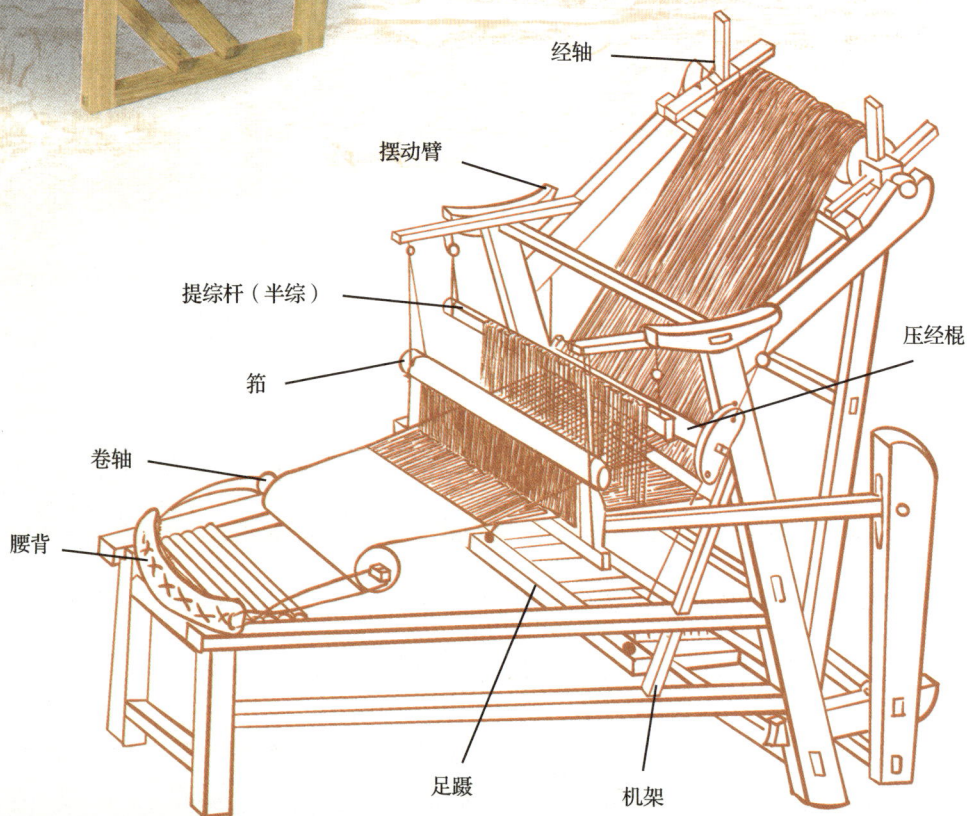

经轴
摆动臂
提综杆（半综）
筘
卷轴
腰背
压经棍
足蹑
机架

斜织机结构示意图

还用以控制经纱密度和织物幅宽，这是一项重大改进。第三点便是提综装置。

斜织机织制的是没有花纹的平纹织物，为使织物更加绚丽多彩，古人采用挑花杆在其上挑织图案。挑花的方法有两种：一是挑一纬织一纬；二是挑一个循环织一个循环，这种方法应用得较普遍些，但它仍不能提高工作效率。于是，聪明的古人想出了方法，将挑花杆"软化"，即用综线来代替挑花杆，于是便形成了提综装置。

中国元素丝绸获世界赞赏

在意大利有一座古老城市早在罗马帝国时期就已建立，因有保存完好的中世纪古城墙而闻名于世，同时也和丝绸有着深厚的渊源，它就是——卢卡。

卢卡

最早在 13 世纪，来自中国的刺绣、编织等纺织工艺传入欧洲，卢卡人通过中国的丝绸纺织技术大规模开展丝织业，使卢卡成为中世纪欧洲的丝绸纺织中心，给这座城市带来了丰厚的财富。13 世纪后期，许多意大利人和中国人通过"丝绸之路"进行了贸易往来，聪明的商人看准商机将大量丝绸成品带回意大利，这些丝绸成品极大地影响了当地人的审美观点。随之而来的便是各个纺坊、染坊和刺绣坊中的工人和老板对丝绸制品的深入研究，他们对丝绸工艺和花纹十分赞赏。

这是由于中世纪时期的罗马只能通过竖机、平地机来织造一些简单的织物，俗话说爱美之心人皆有之。通过"丝绸之路"流入当地的丝绸制品拥有东方特色纹样，异常华丽，就像一幅色彩斑斓的图画。这些东方元素，尤其是中国元素对欧洲各地产生了巨大的影响。

一次成纹的提花机

牛郎织女传说为何源于南阳

　　大家都非常熟悉我国传统节日"七夕"，这个节日源于凡人牛郎与仙女织女间纯真浪漫的爱情故事。通过他们矢志不渝的曲折爱情，折射出中国劳动人民对忠贞不渝的爱情的崇尚与渴望。据说传说开始的地方在河南省南阳市宝天曼伏牛山区，这是一个人杰地灵的地方，这里有参天古树、奇峰秀石、珍奇鸟兽、瀑布水潭，是一个著名的旅游胜地。2007 年 2 月，"牛郎织女传说"成功入选"河南省非物质文化遗产"。

　　相传，有一天凡人牛郎得到了千年古牛的指点，与织女在这里相遇并相爱。织女可不是凡人，而是织造技艺高超的天上仙女，她自幼喜好织造，姐妹们邀她去游玩，她都舍不得离开她心爱的织布机，整天不停地织布，甚至都忘了梳妆打扮。聪慧的天分加上勤奋的劳作，她终于能织成云锦天衣，织物上的纹样似乎都有了生命：风景如诗如画，美人倾城倾国，建筑美轮美奂，动物活灵活现，真可谓亦真亦幻！

　　而当她遇到了牛郎之后，她却选择了爱情，放弃了织布的技艺。二人过起了普通人的幸福生活，生了两个孩子。然而王母娘娘发现织女下凡后大怒，派出天兵天将一齐捉拿织女，牛郎得知后非常伤心，决心要找到织女。千年古牛为了帮助牛郎，让他披上自己的通灵牛皮去追赶她，

牛郎织女木雕

牛郎虽不忍心，可为了心爱的人只能忍痛照做。他终于可以登天去寻找织女，于是，他把两个孩子放到一个大背篓里背在了背后。王母娘娘看见凡人上了天，气得从头上拔下银发钗，在牛郎和织女中间一划，立刻出现了一道天河。牛郎不能过河，两个孩子哭着找妈妈，织女在河对岸也只能伤心得泪流满面。最后，牛郎知道二人不能再在一起生活，想给织女留个纪念，便拿出牛扣套投向织女，织女接在了手里。织女也想了想，随身并没有什么物品可以相送，便掏出之前一直带在身上的织布梭扔给了牛郎，可谁知织女力量小，把织布梭扔歪了。

故事中的天河就是银河，这勇敢的二人也化作牛郎星和织女星，王母娘娘只允许他们每年在七夕之夜，通过鹊桥在银河上相见，而那互相传递的信物呢？在银河边的织女星怀里有扣套星，另一边的牛郎星旁有个梭子星。

也许你也听过其他版本的故事，但不论哪个版本，故事中对织女高超纺织技术的赞许都是一样的。另一个神话传说《盘古开天地》中，更是描述了织女传授凡人如何养蚕、缫丝和织绸等技术。这与很有名望的南阳丝绸有着千丝万缕的关系，我们可以从文献记载中得知，蚕丝业在我国南阳发展于周代。西汉时，南阳成为全国八大蚕丝产地之一。东汉时，张衡所

载《南都赋》中记录的"帝女之桑"就出自南阳，名扬天下。南朝梁殷芸《小说》记载："天河之东有织女，天帝之子也。年年机杼劳役，织成云锦天衣，容貌不暇整。"我国各地由七夕节衍生出的"乞巧"风俗活动，正是源于织女的心灵手巧，为人间年轻女性所崇拜。

织造工艺的提高之提花机的出现

在东汉王逸所作《机妇赋》中，我们可以透过文字"纤纤静女，经之络之，动摇多容，俯仰生姿"想象到提花机上的两名巧手织女——织工和挽花工合作织布提花的美丽场面。

《耕织图》中的提花机

提花，就是织布时通过竖直方向的经线、水平方向的纬线上下交错，使织物形成凹凸花纹。提花的工艺特点为：花纹是在织布时织上去的，布织成以后就不能再改变花纹了。而同样在视觉上可见花纹的印花工艺，则是在布织好以后，再将挑选好的花纹印上去。可见只能"一次成纹"的提花工艺对工具和技艺有更精准的要求。

在我国织造技术发展初期，劳动人民还没有掌握这种工艺，而掌握的是更为原始的织机技术。据考古发现，7000多年前的河姆渡遗址（今浙江

省余姚市河姆渡镇）中，曾出土过纺轮、卷布棍、梭形器和机刀等器物。

这些出土器物表明，经过长期的摸索实践，早在新石器时代，人们除了手工编织，已经发明了原始的织布机械——原始腰机。

原始腰机是世界上历史最悠久、构造最简单的织机之一。浙江河姆渡等遗址中曾出土过一些原始腰机的残件。

原始腰机织造场景模型

其简单的构造也使得织造可以一人独立完成，织工只需席地而坐，向前伸直两脚，同时腰脊用力来调节经线的张力，用一根横棍插在经线中间使其分层，这样就形成了经线开口。然后，再用综杆调节，变化出新的经线口。杼子则有两种不同材质形态，一种是细木杆，另一种是骨针，它们都绕有多圈纬线。当纬线穿过梭口后，还要用木制的打纬刀进行打纬。

原始腰机实现了将经纬线重复的交叉压叠，从而形成织物，使人类从草衣兽皮的原始时代迈入了布衣麻服的文明时代。原始腰机从三个维度实现了共同动作：上下打开经线开口、左右穿梭纬线、前后梳理纬线。它具备了典型的织造功能，为后世织布机的发展奠定了基础，是一大技术创举。许多国家在古代也发明使用过织布机，但技术和性能都未能达到我国的水平，这也是中国一直处在世界织造业领先地位的原因之一。

一般来说，织造过程可概括为开口、引纬、打纬、卷取、送经五大环节，织机上的部件也正是根据这些环节而设置且加以不断完善的。当已有

的织机不能满足人们对于美、质、量的追求时，更实用的织机就会应运而生。汉代画像石上刻有《曾母投杼图》，图上的斜织机加入了脚踏装置，且比原始腰机增加了一个斜放的经面，它和原有的水平机座形成了 50 度左右的倾角。这有什么优势呢？我们回想一下原始腰机的织造者在制造时，一直要保持坐在地上的单一姿势，时间久了会感到疲劳从而降低织造速度，而改进了机架以后，操作的人既可以舒适地坐在椅子上织造，又可以直观地感受和控制经线的张力。更重要的是斜织机已采用脚踏提综的开口装置。如此手脚并用，生产效率比原始织机提高 10 倍以上。梭子的体积缩小，易于投掷，也进一步提高了织造速度，这是织机零件的重大革新，一直被沿用至今。

织机不断发展，到了东汉时期，出现了代表着我国古代织造工艺最高水平的大花楼提花机。它的一大创举是用线制花本储存提花程序，使复杂纹样图案程序化，从而同时提升织造织物的精美度、质量与数量。

古代织造技术最高成就的代表——大花楼提花机

据考古证实，河南安阳殷墟墓葬铜器上保留的丝织物，不仅有平纹组织的绢，还有提花机才能织造的菱纹绮。可见我国商代就出现了提花机。

织造花纹时，通常采用一蹑（提花机脚踏板）控制一综（吊起经线的装置）。两片综框只能织出平纹组织，三四片综框能织出斜纹组织，五片以上的综框才能织出缎纹组织。随着花纹更加繁复，综框的数目也要增加。

多综多蹑提花机

缎纹组织

因此，如果想要织造循环较大的复杂花纹，必须把经线分成更多的组，多综多蹑的提花机便逐步形成。

据刘歆《西京杂记》记载："有巨鹿人（巨鹿县今隶属于河北省邢台市）陈宝光妻所织散花绫，机用一百二十蹑，六十日成一匹，匹值万钱。" 120根经线需要120块踏板控制，要60天才能织出一匹花绫，织造者劳动强度大、操作步骤烦琐且生产效率低。到了三国时期，机械制造师马均"旧绫机丧功费日乃思绫机之变"（绫机即织造提花丝织物的提花机），通过细致观察和深入研究后对此加以改进，他将前人已简化的60综蹑最终简化为12综蹑（12根经线、12块踏板）。改进后的提花机织出来的绫锦花

纹图案式样多变，既方便了操作，大大降低了织工的劳动强度，又使功效提高了 4~5 倍。

　　大花楼提花机长 5.6 米，宽 1.4 米，高 4 米，由 1900 多个构件组成，由于其束综装置形似高楼而得名，也叫"束综提花机"，出现于汉代。又因其引入了花本技术，也被称作"花本式提花机"。它是我国古代织造技术最高成就的代表。织造时需要两人配合，一人为挽花工，坐在三尺高的花楼上念唱着按花本形成的口诀，双手挽花提综；另一人则坐在下方脚踏蹑杆，手持梭子穿梭打纬织造。

大花楼提花机

束综提花机

由于使用提花机制造织物必须提前设计好纹样，故绘制意匠图是首位重要工序。意匠图是印有长方格或正方格的纸张，纵格相当于织物中的经纱，横格相当于纬纱，根据设计纹样结合织物组织，并将花形放大再绘制其中。

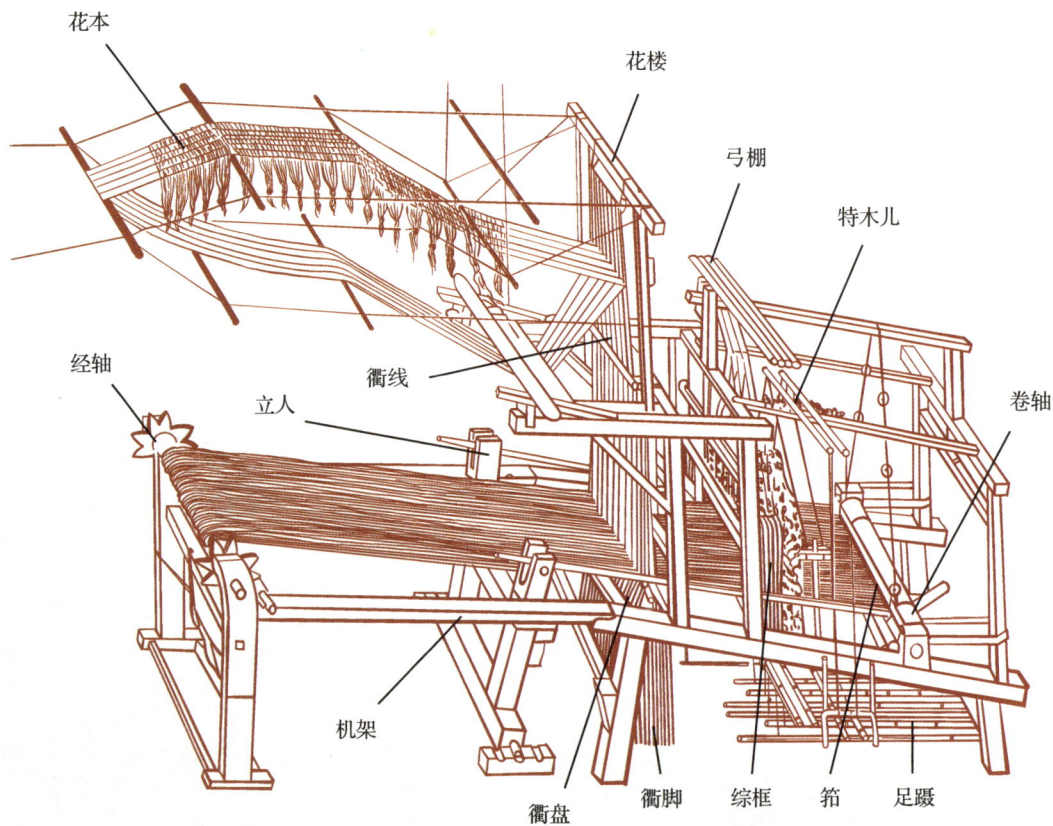

大花楼织机结构示意图

　　织造前还须制成"花本"，即"挑花"和"节本"，它是用来储存提花程序的工具。用较细的丝线（俗称"脚子线"）作为经线，用较粗的棉线（俗称"耳子线"）作为纬线，经线对应意匠图上的纵格，纬线对应横格，纬线从经线上方或下方穿过，就决定了织物的花纹，即"挑花"。再将"挑花"以"结绳记事法"按照一定单位成组结成线团，即"节本"。这就是将设计纹样的每一细部结构、位置、色彩等所有信息挑制成"花本"的过程。花本结好后就可以挂上提花机开始织造了，脚子线与提升经线的纤线相连。只要拉动耳子线一侧的脚子线就可以起到提拉相关经线的作用。如此两名织工协同配合，就可以织出品相华美、结构紧密的提花织物。

大花楼织机（中国科学技术馆馆内展品）

多彩的图案纹样需要多色的丝线，这大大增加了对于机器和操作者技术的要求。可想而知，人工来记忆几十种颜色的纬线应该如何穿过经线，是何等繁杂的工作。花本技术巧妙地引入花纹记忆装置，一劳永逸地降低了织工脑力劳动强度，巧妙地提升了产出效率。

贾卡提花机的问世

提花机织造的织物面料颜色、纹样等可经设计而变得丰富多彩，又可分为家纺用料和时装面料。早在西汉时期（前202—8 年），中国丝绸就以提花织造的方式经由"丝绸之路"这条连接亚洲、非洲、欧洲的古代商业贸易路线而名扬世界。

到了清代（1636—1912 年），大花楼提花机渐渐停下了发展的脚步，每天每台提花机所产出的几厘米"寸锦寸金"，还是不够供应皇室对锦缎丝织品的需求。江宁织造局专门织造仅供皇室使用的织物，当时的从业者多达数十万人。

我国四大名著之一《红楼梦》的清代作家曹雪芹，生逢康熙年间，秦岭淮河地区的织户整日呈现出《木兰辞》中"唧唧复唧唧"的织造场景。曹雪芹所在的家族此时已经掌管江宁织造几十年。那时，人们运用提花机，

锦缎（中国科学技术馆馆内展品）

结合传统技艺"挑花结本（花本）"，把华丽的图案花纹换算成一团团用线绳存储的二进制代码，织工将这些代码用织线呈现在织物上，织出一个个美丽的传说。

到了雍正初年，曹家被革职抄家而没落，但提花机却没有因此停止织造。可就在此时，地球另一端的法国人则开发出了更先进、更科学的提花机。

"提花机"这个单词的英文写作"jacquard"，而当这个单词的首字母大写的时候，它恰好成为了一个英文名字，翻译家把它译作"雅卡尔"或"贾卡"，但它们都代表了同一个人的名字，法国人约瑟夫·玛丽·雅卡尔，她正是"雅卡尔提花机"，即"贾卡提花机"的发明者。

1804年，贾卡提花机问世，这对世界纺织历史有着划时代的意义，它第一次实现了机器能够准确读取并识别织物纹样存储程序中的内容，并对其进行反应且执行。在贾卡提花机发明之前，在纺织车间内负责织造的都是妇女，甚至还有儿童。由于每天需要在满是尘埃和纤维的房间里不停地织造来赶工，繁重的体力劳动和恶劣的工作环境使大部分织工的寿命还不到正常人的一半。虽然贾卡提花机的高效率使部分人丢掉了工作，但确实大大减轻了劳动强度。先前织造方式的前期准备工作就已大费周章。比如一个

贾卡机互动模型（中国科学技术馆巡展展品）

技术人员要花费整整两周的时间，才能替换提花机的花本与吊综装置，而且每次织造新图案都要重新做一次调整。贾卡最终以机械化的方式转化了人工的烦琐工作，只需很短时间就可以完成以上工作。

使用贾卡提花机需要按预先设计好的纹样给纹版打孔，然后将它们上下相接挂在方形的提花滚筒上。滚筒安装在小车上，当控制提花开口的踏板松开时，小车向右滑动，滚筒压住纹针。如果纹版上有孔，则纹针不动，钩子落入铁片；如果纹版上无孔，那么纹针会被推动，使钩子被推离铁片。此时再踏下踏板，通过杠杆原理，铁片升起，落入其中的钩子全部被提升。随后踏板会拉动小车向左移动，使推离铁片的纹针复位。然后铁钩拨动圆形滚筒翻转圆周的 1/4，使后面的纹版转到纹针前方，铁片转到了最高点，就形成了一个经线开口。重复以上踏、松踏板的动作，就会形成不同经线开口，现代提花机的工作原理正是由此而来的。和以前费时费力的机器相比，改进后的机器只需一个人就可以独立完成全部的织造工作，并将效率提高到老式提花机的 25 倍。

贾卡的打孔板不只为丝织业带来了巨大技术革命，同时也为全世界打开了一扇信息大门。后来，计算机程序创始人诗意地将贾卡提花机形容为第一台可编程数字计算机，而她正是英国 19 世纪初期伟大的浪漫主义诗人拜伦的女儿——阿达·洛芙莱斯。

风靡世界的
中国织物

张文娟 / 文

质朴自然的麻

"披麻戴孝"的由来

　　文学作品中经常会出现"布衣"一词，指最普通、最廉价的衣服，也代指平民百姓。那么，古代的布与今人所说的布一样吗？其实是不一样的。古代所谓"布"指的是麻、葛之类的织物，而不是棉布，因为棉花是在南宋时期传入中原的。在古代，麻布不只是百姓最简朴的衣服，也被用来制作丧服，以表示深切的哀悼。关于"披麻戴孝"的来历，有这样一个传说：

　　在太行山南面，一位老婆婆早年丧夫，她含辛茹苦地把两个儿子养育成人，但孩子成家以后都不孝敬她。老婆婆心里很难过，有一天她把两个儿子叫到跟前说："我不要求你们多孝顺，但请你们看看槐树上的乌鸦和树林里的猫头鹰是怎样对待母亲的。"

　　在老母亲的提醒下，兄弟俩出工收工时便不由自主地观察起来。不看不知道，一看还真是差别很大呢：乌鸦与猫头鹰都是精心地把孩子喂养长大，但小家伙长大以后对待母亲的方式却有天壤之别。小乌鸦等母亲老了，就让它待在家，衔来吃的填在它嘴里。等到小乌鸦老了，又有自己的孩子喂养它。反哺之情，代代相传。截然相反的是，小猫头鹰等母亲飞不动了，就把它吃掉，而自己老了以后就被自己的孩子吃掉。

　　兄弟俩看后很受教育，渐渐地改变了对母亲的态度。可是，树欲静而

风不止，子欲养而亲不待。兄弟俩刚开始孝敬母亲，老人家却过世了。兄弟俩追悔莫及，为了表示孝心，在安葬那天，他们穿一身黑色衣服模仿乌鸦，并披一件麻衣模仿猫头鹰，以此来警示自己，为母亲拜路送行。

从此以后，"披麻戴孝"的风俗流传开来。这既是为了表达人们对已故亲人的深切哀悼，也是为了永远铭记乌鸦与猫头鹰善恶孝逆的道理。

返璞归真，追求自然

纺织源于编织，上古先民从苇编、竹编中得到启发，用野生的麻、葛纤维或兽毛织成粗疏的织物，正如《淮南子·氾论训》中所说的"手经指挂"，就是最早的纺织。

麻纤维是最早被人类所利用的纺织纤维。古埃及在约 8000 年前就有对麻的使用，而中国在约 7000 年前的仰韶文化时期，已用纺轮捻线和织造麻布。到商周时期，人们对麻的种植技术、纤维质量、沤麻工艺都有了深入了解，麻纤维已成为常用纺织材料。在河北藁城台西村商代遗址中就曾有麻织物出土，在长江和黄河流域也有一些麻织品被考古工作者发现。江西靖安东周墓里的麻织品，经检测主要成分为苎麻。周代统治者为了表示简朴，曾制作麻布衣服，罩在锦衣绸衫的外面。麻布还被用于制作丧服，用以表示对死者的哀悼。

中国在种植棉花以前，平民百姓通常身穿麻布衣服。汉代桓宽的《盐铁论·散不足》中记载："古者庶人耄老而后衣丝，其余则麻枲而已，故命曰布衣。"诸葛亮《出师表》中写道："臣本布衣，躬耕于南阳，苟全

麻布

性命于乱世，不求闻达于诸侯。"这里的"布衣"指的就是"平民百姓"。

麻的种类有很多，包括苎麻、亚麻、黄麻、荨麻、罗布麻和青麻等。麻纤维主要包括草本双子叶植物皮层的韧皮纤维和单子叶植物的叶纤维，它们没有棉纤维那样柔软，染色性和保形性也不及棉纤维。但也正因为如此，麻的韧性比棉好，耐磨性也较棉强。此外，麻具有优良的耐腐蚀性和抗水性，人们曾用麻来织渔网、做绳索，就是利用它的这些特性。

麻织物具有吸湿、凉爽、透气的特点，适宜做夏季服装面料和西装面料，而且强度居天然纤维之首，在今天的纺织材料中也占有重要的一席之地。相比于棉织物，麻织物手感粗硬而挺括干爽，强力较大，浸湿后强力更大，且非精纺麻织物表面可见粗节和条纹，这种瑕疵使其形成了独特的粗犷风格。由于其表面存在纤维绒毛端，麻织物接触皮肤时会让人有粗糙感、刺痒感。麻布衣料多为漂白和浅色，不易褪色，成品风格含蓄，色彩一般比较淡雅，能恰当地表现返璞归真、追求自然的时代审美观。

细白麻布（文物）

应用于多种需要的麻织物

根据原料不同，麻织物可大致分为三类：一是亚麻布、苎麻布和罗布麻布等纯纺麻纱产品；二是麻棉交织织物，是以棉纱作为经纱、麻纱作为纬纱所织成的织物；还有一类是各类混纺织物，随着人们生活水平的不断提高及化纤工业的不断发展应运而生。

涤麻混纺织物是麻织物创新作品的代表。由于麻织物抗皱性差，而聚酯纤维弹性好、吸湿性差，有人想到将两者结合以取长补短、发挥优势。不少以涤麻为原料的新产品相继出现，特别是在温暖潮湿的地区，涤麻既有麻的吸湿透气、舒适挺括的特征，又有涤纶的保形性好、易洗快干等特点，其穿着感受和外观效果都具有独到之处。

亚麻与羊毛混纺的织物可以使毛织物的穿着季节从冬季扩展到春秋季，外观和性能都有新的特点。麻还能与其他纤维混纺或交织，如棉和麻混纺的棉麻混纺布、蚕丝和麻混纺的丝麻混纺布等，都各具特色。在交织品方面，有用涤棉纱和涤麻纱交织的棉麻涤交织布等。

国际市场出现的麻、棉、氨弹力织物和丝、亚麻交织凸花厚缎等，外观风格都新颖别致、穿着舒适，属高档交织麻织物，适宜做秋冬季外用服装及时装面料。

此外，还有涤纶麻纱这种仿麻织物，用粗细不匀、捻度不一的涤纶作为经、纬纱织成，表面与麻织物相似，但它价格低廉、花色艳丽。真假麻织物的区别方法非常简单，我们可以通过感官直接观察，或通过燃烧现象来观察。麻织物硬而干爽、染色淡，很难区分单根纤维；而涤纶麻纱不粘手、弹性好、不易起皱，在阳光下有闪光感。麻纤维接触火焰立即燃烧，且燃烧速度快，并能自动蔓延，有烧纸味，灰烬呈灰白色且轻飘；涤纶麻纱接近火焰会先收缩，后熔融，然后燃烧，燃烧时发出怪异的芳香味，灰烬呈硬黑色的圆球状。

在特殊领域里，麻材料也能大显身手。工业和国防上使用的亚麻绿帆布，经过了防水防腐处理，组织紧密硬挺，具有防水性能，可做帐篷、炮衣和旅行袋等；麻纤维能经受370℃高温的考验，可以利用它制作防晒服装、太阳伞、露营帐篷，作为应用于多种特殊需要的工作装饰面料。

历史悠久、深受喜爱的麻织物

在18世纪前欧洲人度过的漫长岁月里，对他们来说最重要的织物一直是亚麻，被誉为"天然纤维中的纤维皇后"的亚麻，在西方历经几个世纪的宠爱而久盛不衰，即使受到化纤产品快速发展的浪潮撞击，仍不失其风采。据史料记载，亚麻种植与利用是从古埃及开始的，自然优势让埃及和西亚人民很早便穿上亚麻纤维制成的衣服。5世纪，埃及王曾献给希腊雅典女神一个用360根整齐的亚麻纤维合成的胸甲。中世纪后，亚麻种植开始流向法国、英国、比利时、荷兰、俄罗斯和罗马尼亚等欧洲国家。17世纪初，世界上第一个亚麻纺织厂由英国人建立。亚麻籽在张骞出使西域时被引入中国，在古代主要作为药用。目前，亚麻制品的生产地主要是法国、比利时、荷兰。中国亚麻的种植面积虽然较大，但亚麻纤维的产量仅排在世界第六位。

在中国古代，布衣大多是用麻的茎秆纤维捻线织成的，麻布在北方尤其盛行。苎麻又称"中国草"，是中国特产。中国使用苎麻纤维纺纱织布比古埃及用亚麻手工织布晚 1000 年左右。苎麻的纤维细长坚韧，又有光泽和弹性，它透气、吸汗，很适合做夏布。苎麻是中国特有的以纺织为主要用途的农作物，产量约占全世界苎麻产量的 90% 以上，这也是其被称为"中国草"的原因。

亚麻籽

近年来，国内外研发者试图通过各种技术改变麻材料的性能。俄罗斯运用等离子体技术提高亚麻印染和抗皱性能，用脲醛整理剂和辉光放电低温等离子体对织物进行处理，提高纤维间的黏附力；印度研究利用接枝变性技术改善亚麻纤维性能；日本多家公司利用液氨处理工艺改善亚麻纤维性能。为了提高苎麻纺织品的国际竞争力，中国研制苎麻牵切纺机，并研究了亚麻织物对紫外线、X 射线、γ 射线、α 射线、β 射线的吸附能力及其抗静电效果等，推动麻织物产业不断发展。

保暖舒适的棉

棉纺织现代化发展的艰辛历程

　　2017 年 8 月，一部以周莹为人物原型改编的电视剧《那年花开月正圆》上映，赚足了观众眼球。该剧以陕西省泾阳县吴氏家族的史实为背景，讲述了清末出身民间的陕西女首富周莹跌宕起伏的人生故事。女主人公周莹为重振吴氏家业，入股陕西机器织布局，却遭受了朝廷反对洋务运动势力的打击，陕西机器织布局面临重建。后来，周莹重燃斗志建立泾阳布厂，重振家业，并引领了动荡时局的改革之路。

　　故事中的陕西机器织布局、泾阳布厂，其实就是机器棉纺织布厂。中国在历史上一直以"男耕女织"的小农经济为主，这使得棉纺织的现代化经历了艰辛的探索过程。

纺织厂

　　过去，人们把手工纺织的布叫"土布"，把用机器纺织的布叫"洋布"。洋布最初指由西洋传入的机器织布，后来人们把国产的机器织布也称为"洋布"。清末大量洋布进口，迅速抢占中国市场，对传统土布市场造成了不小的冲击。例如，日本的铁锚牌毛巾，以其柔软的手感与更强的吸水性，一时间垄断了中国的毛巾市场，淘汰了手织的松江斗纹布与罗布巾。传统的土布，产量低，手感比较粗糙，幅宽也不够，一尺八就算是很宽了。相比起来，洋布的质量要好得多，也比较宽，可以裁剪成整套的衣服。尤其重要的是，洋布由于是机器生产，相比于土布提高了生产效率，成本降低，价格更便宜。英国用舰炮打开中国大门后，外国资本主义加剧了对中国的经济侵略。在外国输入中国的物品中，除鸦片之外，棉纺织品所占的比重最大。外国棉纺织品在中国倾销，很快占领了中国广大的市场。

在清政府中，一些洋务派官员提出我国自行设厂进行纺织的建议，希望以此实现富国。光绪二年（1876年），李鸿章在致两江总督沈葆桢的信中说："英国洋布入中土，每年售银三千数百万，实为耗财之大端。既已家喻户晓，无从禁制。亟宜购机器纺织，期渐收回利源。"中国的实业家看到洋布在中国的垄断性趋势，也开动脑筋，纷纷购置新式机器，克服各种困难，开办新型机器纺织厂，力图夺回被抢走的市场。这时所谓的"洋布"，不再是从国外运来的洋货了，而成为以新式机器纺织的机织布的通称。随着中国本土机器纺织业的发展，本土机织布因工价低、运费省等，成本和价格比洋货更低，日益取代了进口洋布，洋布也就更加普及了。

棉花是如何传入中国的

　　棉花不是中国原产的，在中国古代没有棉花，衣被主要以丝和麻为原料制成。中国的棉花是从国外传入的，大致分为两路：北路由阿拉伯地区经伊朗传入中国新疆，再传入甘肃、陕西一带；南路由印度经东南亚传入中国云南、海南、广西、广东和福建等地区，再传到长江、黄河流域。

　　北路是非洲棉经由中国新疆地区传入，再到河西走廊。据《梁书·西北诸戎传》记载，高昌，也就是今天的吐鲁番地区，气候干燥，盛产棉花。

棉花

人们在新疆罗布淖尔地区的楼兰遗址发现了西汉晚期的棉织物残片,在民丰县发现了东汉的棉织物。在吐鲁番的晋代墓葬中发现的已碳化的棉籽,经鉴定是非洲棉。河西走廊一带使用棉花的情况在《敦煌文书》中也有不少反映,棉织物在敦煌纺织品中也时能见到。

南路是印度的亚洲棉经由东南亚传入中国的海南岛及两广地区,以及经缅甸传入中国云南地区。亚洲棉在中国历史上种植时间最久、种植面积广,贡献很大。《后汉书·南蛮西南夷传》记载,哀牢夷"有梧桐木华,绩以为布,幅广五尺",这里的"哀牢"指的是现在的滇南地区,而"梧桐木华"指的就是棉花。

棉花传入中国后,长期停留在边疆地区,直至宋元时期才传入中原地区。元代时,棉花种植量迅速增长并超过桑麻,成为中国纺织工业的主要原料。女纺织专家黄道婆,对棉花生产与棉纺技术在中原地区的推广作出了杰出贡献。

中国古代没有棉,自然也就没有"棉"这个字。随着棉布、棉花等引入,音译名随之而来,如白叠、帛叠和吉贝、织贝及劫波育、迦波罗等。由于棉纤细洁白,酷似丝绵,因此古时中国人也借用"绵"来称呼棉花。后来,人们为了区别蚕产的丝绵,在"绵"前加"木"字,以"木绵"表示植物所产,宋代时才出现木字旁的"棉"字,专指棉花。

从新疆传入的非洲棉是草本的,质量不高,在中国早已被淘汰。而亚洲棉是多年生木本植物,从南边传入中国后,随着向北的迁移与不断的选育,逐渐适应中国环境,变为植物高度适中而一年生的中棉。1982年,中国开始从美国引入陆地棉良种,因其在纤维长度和产量方面优于中棉而迅

速发展，数十年间传遍全国。现在，中国种植的棉花基本上全部属于陆地棉的品种。

棉如何能脱胎换骨

棉织物具有吸湿、透气性好、手感柔软、穿着舒适、保暖的优点，但也存在缺乏弹性、易皱、易缩水等不足。为了满足人们对衣着的不同要求，取长补短，发挥棉的优势，现代工艺对棉织物进行了改良与创新，通过混纺、化学处理等方式，创造出了各具特色的不同面料。

棉与竹纤维混纺织物就是混纺的代表作，既有棉的保暖舒适，又有竹纤维的透气、凉爽，却没有棉的易皱，也不像竹纤维手感太硬。那么，如此巧妙的混纺织物中的竹纤维究竟是何方神圣呢？其实，竹纤维就是把天然的竹子，经过化学处理，使之成为可造纸的竹浆粕，再通过化学变性使其呈黏胶状，再经喷丝孔，纺制成竹纤维。棉纤维还可与其他纤维有机结合，取长补短，将混纺面料制成各种服装，满足人们对衣着的不同需求。

此外，科技还可以让棉脱胎换骨，如丝一般光滑。丝光棉，

丝光棉

又名"冰丝棉"，是经过精纺、烧毛、丝光等特殊工序处理而成的高品质丝光纱线。它不仅完全保留了棉优良的天然特性，而且具有丝一般的光泽，织物手感柔软。丝光棉之所以能够呈现如丝般的光泽，是因其纤维形态特征发生了物理变化，增加了对光线的有规律反射，这一创新之举来源于人们对光学与材料的不懈研究。不仅如此，丝光棉分子排列更加紧密，提高了纤维强力和对染料的吸附能力。丝光棉因其良好的吸湿性能及舒适的触感，给人们提供了更好的穿着体验。

关乎国计民生的棉花

棉花的传入和发展极大改善了百姓的生活。元代以前，由于棉花和棉布的产量少，丝织品价格高，而麻织品粗糙易破，一般的贫穷百姓不得不用纸做衣帽。当时的诗词中有"楮冠布褐皂纱巾"，"楮"是当时造纸的主要原材料，"楮冠"指的就是纸做的帽子。此外，还有纸帐、纸被和纸衣等。到了元代，棉织物大量生产，质优而价廉，普通百姓也可以穿上棉布做的衣服和鞋子，盖上棉被子了。在一些靠近产棉区的城镇，独立的小手工业和棉纺织手工工场逐渐发展起来。

棉花的生产还带来了棉布贸易的兴盛。元代以来，全国各地的市场上有不少棉织物售卖：泉州、福州等地出产的棉布被运往上海，新疆棉布在市场上可以交换其他商品，贵州苗族人交易棉布时以手量布长，松江棉布、云南棉布等投入集市。此外，棉布也开始对外输出。在当时与元朝有贸易往来的约 140 个国家和地区中，有很多使用了元朝输出的棉花和棉布。高

丽等国使臣从元朝引入棉种，在国内积极推广。

棉布生产发展迅速，不仅改善了百姓的衣着质量，活跃了经济，而且通过对外交流丰富了世界其他地区人们的生活。直到今天，棉织物依然以其价格低廉、体验舒适、适用面广的特点，在纺织品领域占有重要的位置。

中国是世界上主要的棉花生产大国，棉花总产量约占全世界的1/3。棉花产业关系到棉农的收入、棉花主产区经济的发展、棉花的流通和加工、纺织工人的就业、棉纺织企业的发展经营，还关系到国家纺织原料的出口，对当今国计民生具有重要影响。

贵重华美的锦

举足轻重的江南三织造

《红楼梦》的第三回"贾雨村夤缘复旧职，林黛玉抛父进京都"中写道：林黛玉刚进入荣府堂屋中，"抬头迎面先看见一个赤金九龙青地大匾，匾上写着斗大的三个大字，是'荣禧堂'，后有一行小字'某年月日，书赐荣国公贾源'，又有'万几宸翰之宝'。大紫檀雕螭案上，设着三尺来高青绿古铜鼎，悬着待漏随朝墨龙大画，一边是金蜼彝，一边是玻璃盒。地下两溜十六张楠木交椅，又有一副对联，乃乌木联牌，镶着錾银的字迹，道是：座上珠玑昭日月，堂前黼黻焕烟霞"。

"黼黻（音'斧浮'）"二字是天子服装上的十二章纹样之二：黼者，半黑半白的斧形图案；黻者，则为两个背对背的弓形。同样，对联中的"日""月"二字，也是十二章纹样中的两种。清代皇帝穿的龙袍是专由江宁织造提供的，而《红楼梦》中荣国府挂在堂屋中央的这副对联，赫然昭示了贾家的出身。

有学者认为，《红楼梦》的作者曹雪芹，他的家族即对应书中的贾家。曹氏家族长期任职于江宁织造局。曹雪芹的曾祖父曹玺深得康熙信任，在康熙登基后第二年就被派到南京担任江宁织造，之后历经几代人的努力，

管理江宁织造局长达 65 年。在清代，南京地区的丝织业长期繁荣，拥有织机 3 万多台，织工 5 万人左右，20 多万人依靠丝织业为生，年产值达白银 1200 万两。繁荣的丝织业为江宁织造局的卓越发展奠定了坚实的基础，而其生产的丝绸产品只供皇室使用。

江宁织造博物馆

除了江宁织造，江南三织造还包括苏州和杭州两处，是清代设立的专门织造宫廷御用和官用的各类纺织品的织造局。此外，由于江南地区原属于南明的势力范围，三足鼎立的江南三织造，还是清代皇帝的直接密探机构，其地位仅次于两江总督。因此，江南三织造成就了清代织锦业的辉煌。

从经锦到纬锦

平纹组织

纺织品是采用经、纬两个方向的纱线，按一定规律进行交织后形成的。纺织品有很多品种，织彩为文（纹）曰锦，也就是说，锦是一种有彩色花纹的丝织品。

中国最早出现的锦是经锦，因经线显花而得名。早在战国时期，中国生产的平纹经锦就已经沿"丝绸之路"传入沿途各国，俄罗斯巴泽雷克墓冢就曾出土过约前5世纪的中国经锦。

3世纪左右，"丝绸之路"沿途西域地区的人们开始对平纹经锦进行仿制，但织造中却将织物上机方向调转90度，即经纬线正好互换，形成了平纹纬锦。这种纬锦所用的捻线由当地的方法加工而成，风格

平纹组织（中国科学技术馆馆内展品）

94

粗犷，到 6 世纪还在生产。

初唐时期，纬锦中出现了斜纹纬锦，也就是用斜纹作为基本规律的纬锦。唐代的纬锦按织物风格可以分为两大类：一类是中亚、西亚的纬锦，所用的纬线较粗，具有较好的覆盖性，大多采用联珠纹的团窠图案，色彩以红、黄和藏青等色为主；另一类是典型的唐式纬锦，是唐代织锦的主流，与中亚、西亚的纬锦不同，唐式纬锦的图案以宝花、花鸟等题材为主，色彩以蓝色、绿色为主。唐式纬锦的图案具有上下左右的严格循环，说明提花技术在唐代得到了飞速发展，真正的提花机已经形成，并被用于纬锦的织造。"织为云外秋雁行，染作江南春水色"，白居易的诗句是对唐代丝织技术的生动写照。

斜纹组织

中唐晚期，一种新的纬锦类型开始出现。这种纬锦织物把原来普通的暗夹型纬二重变成了半明经的暗夹型纬二重，因为其大量出现在辽代织锦中，所以被称为"辽式纬锦"，这类织锦被一直沿用到宋代。

从经锦到纬锦的发展变化反映了东西方丝绸技术交流与相互促进的关系，中国的丝绸技术通过"丝绸之路"向西传到新疆及中亚一带，并实现了生产技术的当地化。隋唐之际，中亚、西亚的织造风格又进一步影响了唐代的丝绸生产，出现了最能体现当时技术和艺术风格的纺织品。

唐锦

名扬海内外的中国三大名锦

锦缎

锦字由"金"和"帛"组合而成，可见它是非常贵重的纺织品，素来有"寸锦寸金"之称。被誉为"中国三大名锦"的云锦、蜀锦、宋锦，是中华织锦的杰出代表。三大名锦各有特色，反映了中国织造的高超技术。绚丽的色彩、精美的图案、精良的织制工艺，使其名扬海内外，其中南京云锦于 2009 年成功入选联合国教科文组织《人类非物质文化遗产代表作名录》。

说到云锦，人们大都会将它和南京这座城市联系在一起。南京作为元代的东织染局和西织染局、明代的司礼监神帛堂、清代的江宁织造局所在地，其云锦制造业十分发达，被称为"云锦之乡"。顾名思义，"云锦"这个词在历史上用来赞美南京所产织物灿若云霞的特点，如明末清初的诗人吴梅村有云："江南好，机杼夺天工，孔雀妆花云锦灿，冰蚕吐凤雾绡空，新样小团龙。"云锦主要有织金、库锦、库缎、妆花四大品种，其中妆花是云锦中织造技术最为复杂、成就最为杰出的提花丝织品种，它达到了丝织工艺登峰造极的地步。《红楼梦》中王熙凤的"缕金百蝶穿花大红洋缎窄裉袄"、史湘云的"靠色妆花织锦缎秋香色滚边对襟

云锦

长袍"、薛宝钗的"玫瑰紫二色金银鼠比肩褂"都是云锦最华丽、最具代表性的传统作品。

蜀锦以产地而得名，主要指产自成都地区的锦类织物。在三大名锦中，蜀锦的历史最为悠久，因其工艺精湛、图案华美而著名。成都素来有"锦城"之称，城内还有多处地名因蜀锦而得名，如成都城南的"锦里"是织锦作坊和织锦户集中的地方，"锦市"则是过去进行锦缎贸易的集市。"凡锦

蜀锦

样必有寓意"是蜀锦的艺术特点，代表着人们对生活的愿景和祝福。蜀锦织造工艺细腻严谨，配色典雅富丽，大多以经线起彩，方形、条形、几何骨架添花，色彩艳丽、纹样对称、四方连续，形成了别具一格的艺术特色。

宋锦虽然以时代命名，但如今通常指清代以来，继承和仿照宋代织锦艺术特色，使用清代织锦的组织结构而生产的宋式锦或仿宋锦，它的主要产地在苏州。根据工艺的精细、用料的优劣、织物的厚薄，以及使用性能的不同，宋锦可分为重锦、细锦、匣锦和小锦四类。重锦质地厚重，图案丰富，产品主要用于宫殿、堂室内的各类陈设。细锦是宋锦中最具代表性的一类，厚薄适中，便于使用，被广泛用于服饰、装裱。这两

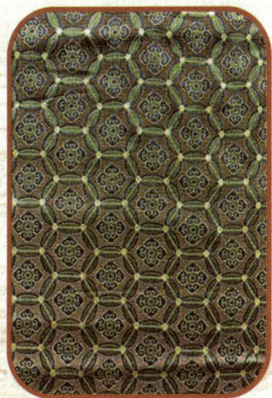

宋锦

类织物又可归为"大锦"，是宋锦中的高档产品。

继承传统工艺，绽放千年光彩

随着历史的发展，锦的图案也在不断发生着变化。早期主要是模仿自然景象的山形纹、云雷纹等几何图案。战国秦汉时期，人们向往神仙般的生活，为祈求生活幸福、健康长寿，创造出仙气连绵、云烟缭绕、蔓草飞舞、神兽奔走的图案。唐代，出现了受外来文化影响而形成的连珠纹、具有大唐风范的宝花纹。宋代，皇家画院注重写生花鸟，使锦的纹样从天上走向人间。明清时期，纹样更是图必寓意、言必吉祥。作品的纹样反映了人们精神与生活的世界。

从汉锦来看，云气纹和动物纹的组合是当时最具特色的一种图案。起初，穗状云纹和动物纹在织锦上组合出现，如著名的延年益寿长葆子孙锦，就是以穗状云纹为骨架，中间穿插奔跑的龙纹、虎纹、辟邪纹等神兽纹，再织入汉字吉语"延年益寿

锦缎（中国科学技术馆馆内展品）

长葆子孙"。后来，穗状云纹演变成山状云纹，而山状云纹恰好与仙山、神话相吻合，成为主流，织锦图案以形如连绵群山的山状云纹为骨架，其间织有龙、虎、豹、麒麟、马、鹿和凤鸟等珍禽异兽，并在空隙处织上吉祥语，寄托人们的美好祝愿。云气动物纹锦大多为五色锦，如史料中记载的连烟锦、五色云锦。

自西汉"丝绸之路"开通以后，中西文化和技术广泛交流并不断融合。锦的纹样也受到异域的影响，出现了来自"丝绸之路"的异域神祇、珍禽异兽和宝花异草图案。如连珠团窠纹，即大小相同的圆圈或圆珠连接排列形成圆形的骨架，在团窠，也就是圆形的框格内，再填以各种动物或植物所构成的纹样。连珠动物纹最初进入中国时是大团窠的连珠，在窠内填有大鹿、猪头和大鸟等。大鹿是一种马鹿，身强力壮，据推断来自西亚；猪头威猛无比，传说它是波斯伟力拉格那神的化身，这些图案被认为是经典的波斯风格。中国织工在此基础上进行了吸收和创新，将窠内的动物由单个变化为一对，有的甚至将汉锦风格与其融合，将汉字织入其中。

唐代，在瓷器、金银器、建筑装饰上，宝相花十分流行，而丝绸上宝相纹则也称得上绚丽多彩。宝相花由佛教文化中常见的莲花演变而来，后综合了牡丹、菊花等各种花卉的特点，人们充分发挥想象，将花卉组成圆形的团窠状图案，风格雍容华贵。

晚唐，自然写实的风格开始在中国艺术中流行，这使得锦的图案开始出现反映自然景象的写实图案。这种风格到宋元时期达到鼎盛，一直延续到明清。如辽人和金人喜欢初春时在水边放鹘打鹅（雁），入秋时在山林中围猎，这些活动形成的图案出现在服饰、玉器等上面，被称为"春水秋山"。"满池娇"是元代刺绣中一个既常见又特别的题材，主题为池塘小景，原本是文宗皇帝的御衣图案，后在蒙古族贵族中也有使用。如意纹与云纹结合而成的四合如意云纹，象征了四方团聚，是明代非常典型的吉祥图案，并被沿用到清代，代表了人们当时的审美水平和意识形态，表达了人们对美好生活的祝愿。

明清时期，人们从生活的方方面面来选择素材，通过语言文字、各种自然和人工的器物来表达吉祥寓意。龙纹和凤纹组合在一起象征着夫妻婚姻美满，后逐渐演变成统治者的化身，为皇帝和皇室人员使用。很早以前形成的十二纹章，也就是十二种纹样，即日、月、星辰、群山、龙、华虫、宗彝、藻、火、粉米、黼、黻，在不同历史时期有着不同发展，前后绵延近2000年。补子是明清两代用以区分官品等级的标志之一，文官用飞禽，武官用走兽，到明代中后期演变成与各个年节应景的纹样，即应景补子。除此之外，还有许多画面生动、活泼精美的《百子图》，流传至今。

百子衣

民国时期，人们既传统又时尚，舶来品的流行、民族传统的提倡，也表现在当时的纺织图案上。传统的几何纹样与浪漫时尚的欧洲图案在此碰撞并存。受西方设计思想的影响，条格图案在简洁沉稳中略带变化，与繁复的花卉图案相比更能突出女性文静与娴雅的气质，因而备受青睐。玫瑰在中国古代因"嫩条丛刺，不甚雅观，花色亦微俗"，地位远低于牡丹、梅、兰和菊等，但在西方文化中象征着美好自由的爱情，这使得玫瑰开始受到国人的喜爱，大量出现在小说、电影、歌曲、瓷器及丝织物图案中。

饱经历史与岁月的洗礼，时至今日，锦又以崭新的形象惊艳了世界。在2010年的戛纳电影节上，云锦龙袍亮相红毯，云水纹在裙底翻涌，五爪龙在裙上飞腾，这件作品被英国皇家维多利亚和阿尔伯特博物馆永久收藏。设计师劳伦斯·许将西式的剪裁与东方古典元素完美结合，让中国织锦在世界时尚舞台上流光溢彩。对于织锦技艺的传承与发扬，新时代又提出了新的主题。作为全国唯一的云锦专业研究机构，南京云锦研究所承担着云锦继承和保护的历史重任，以传统的提花木机恢复失传已久的云锦技艺、品种、图案，并在继承的基础上不断创新，通过一系列国内外展览促进云锦事业发展。织锦是历代丝织艺人勤劳智慧的结晶，继承了传统的特色和独特的工艺，加以新时代的创新发展，这颗璀璨的东方艺术明珠必将绽放更加绚丽的光芒。

参考文献

［1］吴元新，吴灵姝.蓝印花布［M］.北京：中国社会出版社，2009.

［2］宣炳善.牛郎织女［M］.北京：中国社会出版社，2008.

［3］郑珊珊.刺绣［M］.北京：中国社会出版社，2011.

［4］谭红丽，战国栋.草编［M］.北京：中国社会出版社，2011.

［5］徐忠文，荣新江.马可·波罗　扬州　丝绸之路［M］.北京：北京大学出版社，2016.

［6］卢婷婷，杨莉玲，汪诗琪，等.藏在指尖的艺术［M］.天津：新蕾出版社，2015.

［7］宋应星.图解天工开物［M］.呼伦贝尔：内蒙古文化出版社，2013.

［8］钱小萍.中国宋锦［M］.苏州：苏州大学出版社，2011.

［9］孙机.中国古代物质文化［M］.北京：中华书局，2014.

［10］中国科学技术馆.中国古代机械图文集［M］.北京：科学普及出版社，2013.

［11］中国科学技术馆.中国古今科技图文集［M］.北京：中国科学技术出版社，2005.

［12］吴卫.昙石山遗址出土纺轮研究（上）［J］.文物春秋，2015（01）.

［13］吴卫.昙石山遗址出土纺轮研究（下）［J］.文物春秋，2015（02）.

［14］刘兴林.汉代的纺纱和绕线工具［J］.四川文物，2008（04）.

［15］包铭新，于颖.中国古代的五锭棉纺车［J］.东华大学学报（自然科

学版)，2005（06）.

[16] 李强，李斌，杨小明.中国古代手摇纺车的历史变迁：基于刘仙洲

先生《手摇纺车图》的考证［J］.丝绸，2011（10）.

[17] 李崇州.我国古代的脚踏纺车［J］.文物，1977（12）.

[18] 游战洪.踏板机构在古代纺织机械中的运用［J］.机械技术史，2000

（00）.

[19] 祝大震.我国水转大纺车的结构特点和演变过程［J］.中国科技史

杂志，1985（05）.

[20] 李崇州.中国元代水转大纺车的复原研究［J］.农业考古，

2002（01）.

[21] 赛塔尔，李强.中国原始腰机起源和研究的考辨［J］.丝绸，

2015（09）.

[22] 刘兴林.先秦两汉织机的发展与布幅的变化：兼论海南岛汉代的广

幅布［J］.中国历史文物，2009（04）.

[23] 鞠斐.浅谈我国新石器时期原始织造工艺对同时期人类生产生活方

式的影响［J］.才智，2015（36）.

[24] 赵丰.汉代踏板织机的复原研究［J］.文物，1996（05）.

[25] 赵丰.丝路之绸与中国纺织史研究［J］.科学新闻，2017（11）.